清华同衡系列专著

文旅融合的理论探索与规划实践

杨明 张翾 王克敏 等 编著

U0361764

清华大学出版社
北京

内 容 简 介

在文旅融合的时代背景下，本书尝试建立一套"理论—方法论—方法"的文化和旅游融合规划体系。本书重点探讨了文化理论发展、旅游理论发展，以及文化和旅游融合的理论关系，总结出具有普适性的方法论。结合北京清华同衡规划设计研究院风景旅游研究中心多年来的规划实践，归纳形成化繁为简法、意义升华法、四位一体法、陵墓两极法、主题凝练法五大实操方法，以指导文化和旅游融合型规划设计实践，为业界和学界研究提供参考和借鉴。

图书在版编目（CIP）数据

文旅融合的理论探索与规划实践 / 杨明等编著. — 北京 : 清华大学出版社，2023.11
（清华同衡系列专著）
ISBN 978-7-302-62365-6

Ⅰ.①文… Ⅱ.①杨… Ⅲ.①旅游文化—旅游业发展 —研究—中国 Ⅳ.①F592.3

中国国家版本馆CIP数据核字(2023)第012937号

责任编辑： 张占奎
装帧设计： 陈国熙
责任校对： 薄军霞
责任印制： 曹婉颖

出版发行： 清华大学出版社
   网　　　址： https://www.tup.com.cn，https://www.wqxuetang.com
   地　　　址： 北京清华大学学研大厦 A 座　　**邮　　编：** 100084
   社 总 机： 010-83470000　　**邮　　购：** 010-62786544
   投稿与读者服务： 010-62776969，c-service@tup.tsinghua.edu.cn
   质量反馈： 010-62772015，zhiliang@tup.tsinghua.edu.cn
印 装 者： 北京博海升彩色印刷有限公司
经　　销： 全国新华书店
开　　本： 165mm×240mm　　**印　　张：** 12.5　　**字　　数：** 208 千字
版　　次： 2023 年 12 月第 1 版　　**印　　次：** 2023 年 12 月第 1 次印刷
定　　价： 108.00 元

产品编号：097960-01

作者简介

杨明

清华同衡规划设计研究院副总规划师，风景旅游一所所长，教授级高级工程师。主要从事区域/全域旅游规划、文旅融合规划、风景区/度假区规划、旅游小镇和旅游地产规划等。代表规划有西藏自治区旅游发展总体规划、广东省海岛旅游总体规划、延安市旅游发展总体规划、九寨沟文旅产业提升规划等。

张翾

清华同衡规划设计研究院风景旅游一所项目经理，工程师、中级旅游经济师。主要从事区域/全域旅游规划、文旅融合规划、风景区/度假区规划等。先后参与旅游相关规划包括：广西壮族自治区旅游"十三五"规划、海南国际旅游岛黎安先行试验区概念规划、九寨沟文旅产业提升规划、陕西乾陵景区旅游规划和详细规划、广西灵渠（世界遗产预备名录）历史文化旅游区战略规划等。

王克敏

清华同衡规划设计研究院风景旅游一所项目经理，工程师、中级旅游经济师。主要从事区域/全域旅游规划、文旅融合规划、旅游度假区规划等。代表规划有颐和园旅游发展总体规划、什刹海旅游区发展规划、环嵩山大旅游专项规划、北京市房山区全域旅游规划、河南省光山县乡村振兴先行区规划等。

课题组成员

本书源自于清华同衡规划设计研究院的院级课题《文化和旅游理论与融合规划实践》，课题组成员都参与到了本书的编写中。成员名单如下：

课题负责人

袁牧
清华同衡规划设计研究院副院长
总规划师，教授级高级工程师

杨明
清华同衡规划设计研究院副总规划师
教授级高级工程师

专家顾问

王彬汕
清华同衡规划设计研究院副总规划师
风景旅游研究中心主任，教授级高级工程师

课题组成员

张 翾　　项目经理，中级旅游经济师
王克敏　　项目经理，中级旅游经济师
杨丽端　　主创规划师，中级旅游经济师
张潆方　　规划师
袁 婷　　项目经理
刘 梅　　主创规划师
董宇恒　　规划师
周世泽　　助理规划师

前言

党的十九大报告提出，中国特色社会主义进入新时代，我国社会主要矛盾已经转化为人民日益增长的美好生活需要和不平衡不充分的发展之间的矛盾。在此新时代背景下，国家提出的文化和旅游的深度融合，是"诗"与"远方"的组合，是满足当前人民对美好生活的向往和需求的国家战略。同时，推动文化事业、文化产业和旅游融合发展，也是建设文化强国、提升文化自信、提高国家文化软实力和中华文化影响力的重要途径。

推动文化与旅游融合发展，是以习近平同志为核心的党中央做出的重要战略决策，也是不断满足人民群众日益增长的美好生活需要的重要手段。2009年中国第一份有关文化和旅游融合（简称"文旅融合"）的文件《文化部、国家旅游局关于促进文化与旅游结合发展的指导意见》中就提出"文化是旅游的灵魂，旅游是文化的重要载体"，其后国家陆续颁布了100多项与文旅融合相关的政策。从政策实践来看，文旅融合经历了探索融合期、快速融合期和深度融合期3个阶段，实现了由探索期向深化期过渡。与国家蓬勃发展、不断出台的文旅融合政策相比，指导文旅融合发展的理论及规划实践的研究尚处于起步阶段，目前的研究多热衷于寻找国内外相似的文旅融合案例，其结果多是停留在研究的表面。对"文化""旅游"这两个概念的解读，探究"文化"和"旅游"究竟是什么，这种从根本上理解文旅融合的研究和探讨凤毛麟角。试问，如果连"文化"和"旅游"这种最底层、最基础的概念都无法理解，那如何真正地理解并做好两者的融合呢？

正是在这样的学术研究背景下，清华同衡风景旅游研究中心的研究团队，历经两年多的资料收集、著作研究、框架搭建等工作过程，并结合清华同衡规划院西藏自治区旅游发展总体规划、黄龙府文化规划、西柏坡景区整体提升规划等一系列文旅融合的规划实践，克服了新冠疫情等诸多困难后，逐步充实并最终完成本书。

鉴于文化与旅游理论研究的复杂性，本书构建了"理论—方法论—方法"研究体系，希望通过梳理和总结形而上的文化和旅游理论/学说，形成可以指导具体规划的方法论工具，最后理论结合实践通过真实的文旅融合规划案例的"三部曲"方式，从最基本的概念/理论源头出发，到对文旅融合规划的方法指导，让读者对文旅融合有自上而下的、由理论到实践的直观认识。在理论层面，本书详尽梳理文化概念的发展，尤其是在18世纪近代文化概念在德国的兴起、19世纪在英美的发展，以及20世纪以来文化概念的衍生。在此基础上，本书尝试提出了文化概念的4个理解角度，即文化作为背景和语境、文化作为社会化的过程、文化作为意识形态的形式及文化作为商业化的表现形式。在旅游理论方面，本书系统梳理了休闲、游憩与旅游的理论，以及当代旅游的新形式。在方法论层面，本书通过引入学术界经典的符号化理论与文化经济学的理论，并深度结合文旅融合规划实践，构建了一套兼顾经济与文化可持续发展且具有普适性的文旅融合发展模式。在最后的方法层面，本书归纳了5类文旅融合规划的实操方法：化繁为简法、意义升华法、四位一体法、陵墓两极法、主题凝练法。

在本书的写作过程中，得到了包括清华大学中国新型城镇化研究院执行副院长、清华大学生态规划和绿色建筑教育部重点实验室主任、中国城市规划学会副理事长尹稚老师，清华同衡规划院副院长、总规划师袁牧老师，清华同衡规划院副总规划师、风景旅游研究中心主任王彬汕老师等领导、专家的支持与启发，由于人数众多，在此不一一列举，谨表达由衷的感激之情！

本书的部分内容仍不够成熟，希望得到业界与学界专家学者的理解与宽容。同时真切地希望，随着更加深入的文旅融合学术研究和规划实践的协同开展，我国的文旅融合实践可以对世界文化和旅游领域产生积极的影响和贡献。

目录

文旅融合的理论探索与规划实践

理论篇

第❶章

文化的概念及理论发展

　　文化是什么？关于文化的概念，一直是一个争论不休、众说纷纭的话题。这主要表现在人们对于文化概念的观点不一，且对于文化内容的论述十分丰富。"文化"一词，无论是在中国还是在欧洲自古便有。近代文化概念源于德国，而后在英美得到发展。目前普遍将英国人类学家爱德华·伯内特·泰勒公认为第一个在文化概念上有重大影响的人。泰勒对文化所下的定义被奉为经典，他在 *Primitive Culture* 一书中说：文化或文明，就其广泛的民族学意义来讲，是一个复合整体，包括知识、信仰、艺术、法律、道德、风俗以及作为一个社会成员所获得的能力与习惯的复杂整体。自此，泰勒对于文化的定义成为文化定义现象的起源。后人对这个定义褒贬不一，同时也不断提出新的观点。对于文化概念的探讨本身也成为一种跨学科的有趣的现象，各种学科，诸如政治学、经济学、历史学、哲学、语言文学等，都给出了关于文化的不同定义。在对文化概念进行划分时，也存在如"广义文化"和"狭义文化"，"显形文化"和"隐形文化"，"高雅文化"和"低俗文化"，"亚文化"等众多观点。

　　本书并不试图对目前多达上百种的文化概念进行逐一的列举，而是尝试通过梳理文化定义的演进进程及文化理论的发展脉络，给出对于文化概念的4种理解角度。

1.1 文化概念

1.1.1 文化概念的发展变迁

从文化概念的缘起到文化理论流派的发展演变，经历了漫长的发展过程。古代中国的"文化"一词体现为"人文教化"之意。古代欧洲的"文化"一词的词源有"培育""培植"的意义，而后逐渐发展为"对品德和能力的培养"。近代文化概念与欧洲启蒙运动有关，并直接形成了法国"文明"与德国"文化"的对立。20世纪以来，专家学者对文化的概念和内涵进行了更广泛的探讨。

1. 古代中国和欧洲文化概念的起源

"文化"在古代中国是"人文教化"的简称，意指通过了解自然和人类社会的各种现象而对天下民众实施教育感化的一种方法。在中国的古籍中，"文"既指文字、文章、文采，又指礼乐制度、法律条文等；"化"是"教化""教行"的意思。"文"与"化"两字合用则在汉代正式出现。汉代刘向在《说苑》中说："凡武之兴，谓不服也，文化不改，然后加诛。"此处"文化"一词与"武功"相对，含教化之意。南齐王融在《曲水诗序》中说："设神理以景俗，敷文化以柔远。"其"文化"一词也为文治教化之意。

古代欧洲的"文化"一词来源于拉丁文"cultura"，原义是指农耕及对植物的培育。古罗马的西塞罗最早使用了"灵魂的培植"（cultura animi）的说法。在英语的早期用法中，"文化"一词与动物和农作物的"培育"（cultivation）以及宗教崇拜有关（"膜拜"-cult一词即由此而来）（Smith，2001）。之后文化的词义逐渐延伸为"心灵的陶冶"及"人类的发展历程"。15世纪以后，对人的品德和能力的培养也称为文化。16世纪之后，"文化"一词开始用于泛指通过学习来提高个人的才智与修养；这个意义是由"改进农耕、畜牧方法"拓展而来的比喻义（Smith，2001）。出于这一原因，在英语中今天还可以说某个人"有教养"（cultured），或者说他们"没教养"（having no culture）。

2. 17—18世纪欧洲启蒙运动对近代文化概念形成的影响

近代文化概念的兴起与欧洲启蒙运动的发展息息相关。在文艺复兴终结了欧洲黑暗的中世纪之后，15世纪末到16世纪初的大航海促进了洲际经济和社会交流，成为欧洲资本主义兴起的重要环节；18世纪中叶的英国工业革命使社会结构和生产关系发生重大变革，标志着世界整体化新高潮的到来；18世纪末的法国大革命结束了君主专制统治，形成了新兴"民族国家"。这一系列经济、政治和社会的巨大变革，对人们的思想也产生了深远影响。欧洲启蒙运动是继文艺复兴之后的一次反封建的思想解放运动。法国是启蒙运动的中心，声势最大，战斗性最强，影响最深远。启蒙运动领袖人物法国人伏尔泰写的《路易十四时代》被看作近代文化史研究的发端。在《法国学术词典》中，"文化"与随后出现的"艺术文化""文学文化""科学文化"等概念共同构成完整的理论体系（Cucheet al, 1996），与进步、发展、教育等启蒙运动时期的思想理念相连接。

3. 18世纪近代文化概念在德国兴起

近代资本主义的兴起引发人们对封建传统文化的反思和批判，使人们开始重视文化问题。一方面，人们开始注意研究离自己最近时代的历史，法国伏尔泰的《路易十四时代》成为近代文化研究的发端；另一方面，在古代和异族的文献记录中寻找文化材料，以改革和复兴自身的文化（顾晓鸣等，1987）。对于文化问题的重视在18世纪的德国显得尤为突出。

外交学院教授施展认为，在古代欧洲人们一直是将"文明"和"野蛮"对立的，而到了18世纪则出现"文明"（civilization）和"文化"（culture）的对立。对于罗马人来说，本身洗浴是很健康、很干净、很文明的东西，罗马人把这些东西传出去，感觉是传播文明、健康和一系列很好的东西。那些不爱洗浴的人跟罗马人一比，高下立现：一个是文明，一个是野蛮。在古罗马时期，世界分成两种形式——一种是文明的，另一种是不文明的。不文明的地方最终是要被文明征服的，从原则上来说，世界只有一种秩序，就是文明的秩序。18世纪，法国觉得自己是最文明的，凡尔赛宫可以作为文明的标志——它不仅是一个特别精致、漂亮的几何对称图形，超级宏伟的宫殿，更有各种各样的宴会、舞会和非常繁复的宫廷礼仪；并且通过人是否懂得礼仪来作为是否受过良好教育、是否足够文明的一个判断标准。但路易国王的"文明"发展到一定程度之后，就开始逐渐异化（这也是人的内心某种基于虚荣、基于嫉妒等，一种很底层的欲望）。为了满足这种让自己显得很文明的欲望，人们就开始刻意追求文明的外观。例如：吃大餐的时候，你需要做3道手续，我做4道，我比你更文明；他做5道，他比我更文明。文明让法国贵族变得越来越精致化，到了一定程度以后，文明就变成了堕落。

对于18世纪正在崛起中的德国来说，是无法接受法国对于"文明"的观点和标准的。因为如果德国承认"文明"与否是判断一个国家优秀与否的标准的话，那德国永远是低劣的——欧洲还有哪座宫殿比得上凡尔赛宫，那是不是意味着世界上永远只有一群文明人，那就是法国人，其他人全部是"野蛮"人？这对于当时蒸蒸日上的日耳曼民族来说是不可接受的。而且法国所谓的文明逐渐过度精致化之后，确实呈现出某种堕落的迹象。所以德国人开始走向另外一种路径，他们认为人们不应该沉迷于所谓文明的外观，那样一定会堕落，而应该回归本心，回归到没有被过度繁复、过度表面文章化的法国文明所污染的古罗马时期的"文化"。于是在18世纪法国封建王朝没落和德意志民族崛起这样一个时间节点，"文明"和"文化"的对立首先在德国人的语境中出现。

在近代，德语中首先出现了"文化"（kultur）一词。18世纪，"文化"一词在德国的历史学者中开始广泛使用。约翰·哥特弗雷德·赫尔德是最有代表性的人物，他认为"文化"是一种进步的教养（cultivation）或是才能的发展。同时也用人类、启蒙等词来代指"文化"。之后，"文化"一词被荷兰、斯堪的纳维亚、斯拉夫、西班牙、意大利、美国等国家或地区接受。1871年，英国人类学家泰勒援引德语，确立了英语中"文化"（culture）一词专业定义。

外交学院教授施展认为，在18世纪的欧洲，德国强调没有被"文明"污染的本源性的"文化"，意味着一个变化的出现——德国没有法国那样文明的外观，甚至看起来像一个蛮族，但是这种蛮族的身份反倒成了一种自豪的身份；一旦德国能够把"文化"这一种新的说法和评判标准立住的话，就意味着德国和法国之间相比时，便不再处于劣势，因为法国虽然看上去那么文明，但是那只不过证明了法国的堕落；而德国虽然看上去不像法国那么精致、那么文明，甚至看上去很粗粝，但这恰恰是德国不忘初心，真正拥有本真的纯朴的标志。所以德国是有"文化"，而法国只有"文明"；最终"文明"使法国堕落，而有"文化"的德国才代表人类的未来。

如果说法国所强调的"文明"是与野蛮对立的，并且文明跟野蛮的对峙并不是平等的，而是野蛮最终会被文明所征服、所消灭。从这个意义上来说，这是一种普世主义的标准，所以那个时候的法国是追求普世主义的。而崛起的德国则认为德国有德国的文化，法国有法国的文化，但是法国的"文化"被"文明"堕落掉了，还有若干"蛮族"有各自不同的"文化"。文化和文化之间是没有高低之分的，是可以并立的，所以此时的文化是高度的特殊主义的取向。这种文化的特殊主义的取向后来演化成了近现代的民族主义。近代"文明"和"文化"的对立也就成了普世主义和民族主义的对立。

4. 19世纪文化概念在英美发展

无论是启蒙运动中对离自己最近的时代文化史的研究，还是在古代和异族中寻找文化材料以改革和复兴自身的文化，近代资本主义兴起带来的对封建传统的反思和批判成为人们对于近代文化研究的开端。顾晓鸣等(1987)认为，自此之后，可以明显地看到两种既有区别又有联系的文化研究倾向：一种是文化学性质的，是人类对自然和自己的认识史的发展的必然结果——近代自然科学的充分发展为此类方法论工具，而生物进化论的研究的下一步当然是人类自身的问题，和达尔文同时代的、持进化论观点的泰勒就提出了"文化进化论"；另一种是以文化问题为旗帜，实际上为了解决现实社会变革和发展的问题，文化讨论是政治和思想变革的一种舆论准备或者表现为一种维护社会安定、促进社会建设的努力，文化研究成为思想建设和完善制度的一个组成部分。

与此同时，近代欧洲殖民扩张活动，不断地把完全不同于当代各文明国家文化和古典文化的原始民族和部落的文化材料送到人们的面前。由于殖民统治的实际需要、宗主国学者收集文化资料的可能性，使学者可以按照一定科学计划对一种文化实施从生活习俗到政治制度的全面调查，并如实发表成果；充足的经费和官方的支持，也大大激发了学者的科学兴趣，加上自19世纪末资本主义社会日趋保守，大量学者把注意力从对本社会文化研究转向相对来说无利害关系的殖民地原始文化的研究，大量人种学材料累积起来，这促使了文化人类学实地文化研究的成熟，产生了科学形态的文化理论（顾晓鸣等，1987）。

19世纪是大师先贤们开创近代文化概念和文化研究的时代。给"文化"一词下明确定义的，首推英国人类学家泰勒。他于1871年出版了《原始文化》一书，书中指出："据人种志学的观点来看，文化或文明是一个复杂的整体，它包括知识、信仰、艺术、伦理道德、法律、风俗和作为一个社会成员的人通过学习而获得的任何其他能力和习惯。"以摩尔根为代表的人类学家认为，文化历史阶段具有统一性，包括七大发展阶段：低级蒙昧社会—中级蒙昧社会—高级蒙昧社会—低级野蛮社会—中级野蛮社会—高级野蛮社会—文明社会。马克思提出了"经济基础—上层建筑"模式，并阐释了社会与历史发展的过程。他认为，文化作为一种附属性的上层建筑，是一种支配性意识形态。

在泰勒、摩尔根、马克思等先驱之后，整个19世纪文化研究在英美得到了广泛的发展。英国文化社会学家阿兰·斯威伍德认为，在18世纪末，文化大多与文明的概念等同起来，被作为一种整体论的概念，如世界观或者"心智"；但是到了19世纪，这个词指从初期的工业主义向资本主义和现代化转变。文化的概念被逐渐提升到了智性高度，被等同于思维习惯和人性价值。斯威伍德认为，19世纪的文化是依据艺术和"高级"文化，而不是"低级"或"普通"文化而得到的理想的定义。在英格兰，文化以人性完美和创造一种普世价值为中心，建立起一种美学和文学的话语——文化用来指"心灵的某种状态或习惯"；而后指代"一个社会整体中知识发展的一般状态"；之后表示"各类艺术的总体"。到19世纪末，文化开始意指"一种物质上、知识上和精神上的整体生活方式"（韦森，2003）。

5. 20世纪以来文化概念的衍生和探讨

20世纪以来，随着资本主义社会进入稳定期，文化研究深入到各个领域和学科；而对于资本主义现代文明的批判和各种反文化思潮的理论分析，成为文化理论研究的又一社会动因。同时，人对自身和社会的科学认识从最初简单采用自然科学的模型到走向进一步科学化的近代社会科学的学科发展需要，也成为文化研究本身发展的动因。于是，在19世纪泰勒、摩尔根、马克思等先贤开创了文化研究的先河之后，20世纪的文化研究和文化概念呈现出百家争鸣的热潮。

20世纪文化研究的动因主要包括3个方面：第一，资本主义社会进入稳定期后，日常生活和建设促使文化研究深入到各个更细微的领域，现代资本主义社会呈现出多样化和新旧急剧更迭的局面。一方面，各种亚文化的界限日益明显，文化价值和文化象征意义呈现出前所未有的纷繁景象，个人创造文化的可能性大大增加；另一方面，印刷机械、广播电视、电影、音乐、广告、报刊书籍的飞速发展，从根本上改变了以往文化自然积累的状态，人工大量制造"文化"、复制"文化"、传播"文化"……人自觉的文化创造对整个社会的政治、经济和狭义文化艺术产生了举足轻重的作用，因此，"个人—文化—社会"三者的关系成为文化理论研究的核心问题。为了解决其间的具体关系，一系列分析性的概念和理论产生了，这就是围绕象征符号、意义、价值、需要、文化情境、制度等而建立的种种文化理论。第二，对资本主义现代文明的批判，这是现代文化理论勃发的又一社会动因。许多学者同马克思主义者一样，看到了资本主义不断出现的危机，看到了现代文明消极的方面，但他们不可能用马克思主义的立场观点和方法分析它，因此，形形色色的文化归因论出现了（顾晓鸣等，1987）。第三，与社会动因相对应的是学科发展本身的动因。人对自身和社会的科学认识，是在自然科学方法的激励之下，逐步从哲学的玄思走向近代社会科学的。因此，近代早期的社会科学对于人类和社会的研究，往往简单地采用自然科学有关学科（生物学、机械学、自然心理学等）的模型，而忽视了人类社会自身的"人的特点"——人有"自由意志"，不同于物和非人动物；个人之间的差异极大；人类社会从低级向高级的一次性过程；人具有人生经验和历史经验的积累等。随着近代社会科学的日益成熟，这种"唯科学论"的自然主义研究的理论方法论的弱点日益暴露出来。从科学史的角度来看，"文化"问题的提出，是人们对于人类社会区别于自然的独特性质有深刻认识的体现，是社会科学进一步科学化的重要环节；今天几乎所有的学科都不约而同地注意到了文化研究——经济学日益注意到制度和文化对于理想形式形态的经济规律的制约，语言学日益向社会语言学和文化语言研究靠拢，连科学史家也日益注意到了自然科学的范式受到所在文化的深刻制约（顾晓鸣等，1987）。这种状态是现代文化研究的重要科学动因，当然它也同有关学科和理论课题的现实社会需要是互为因果的。

20世纪关于文化概念的研究和讨论呈现出百花齐放的态势。英国人类学家马林诺夫斯基发展了泰勒对于文化的定义，他于20世纪30年代著有《文化论》一书，认为："文化是指那一群传统的器物、货品、技术、思想、习惯及价值而言的，这概念包容着及调节着一切社会科学。"他还进一步把文化分为物质的和精神的，即所谓"已改造的环境和已变更的人类有机体"两种主要成分。用结构功能的观点来研究文化是英国人类学的一个传统。英国人类学家拉德克利夫-布朗认为，文化是一定的社会群体或社会阶级在与他人的接触交往中习得的思想、感觉和活动的方式；文化是人们在相互交往中获得知识、技能、体验、观念、信仰和情操的过程。他强调，文化只有在社会结构发挥功能时才能显现出来，如果离开社会结构体系就观察不到文化。例如，父与子、买者与卖者、统治者与被统治者的关系，只有在他们交往时才能显示出一定的文化。马克思主义者安东尼奥·葛兰西认为："文明社会是文化与意识形态的领域，文化既是制度，也是实践，紧密联系着历史与政治，与权力关系相交织。"法国人类学家克洛德·列维斯特劳斯从行为规范和模式的角度给文化下定义，他提出"文化是一组行为模式，在一定时期流行于一群人之中……并易于与其他人群之行为模式相区别，且显示出清楚的不连续性"。随着时代的发展，"文化逐渐碰撞演化为一种商业文化"。英国人类学家弗思认为，文化就是社会；社会是什么，文化就是什么。他在1951年出版的《社会组织要素》一书中指出，如果认为社会是由一群具有特定生活方式的人组成的，那么文化就是生活方式。1952年，美国文化学家克罗伯和科拉克洪发表《文化：概念和定义的批评考察》，对西方在1871—1951年关于文化的160多种定义做了清理与评析，整理出了6类主要观点，包括描述性定义、历史性定义、规范性定义、心理学定义、结构性定义和发生学定义，并以此为基础给文化下了一个综合性定义，即"文化由外显和内隐的行为模式构成；借助象征符号的运用得以获得和传播；文化代表了人类群体的显著成就，包括他们在人造器物中的体现；文化的核心部分是传统的（即历史的获得和选择的）观念，尤其是带来的价值；文化体系一方面可以看作活动的产物，另一方面则是进一步活动的决定因素。"这一综合定义得到了西方学术界的认可，具有广泛的影响力。值得一提的是，梁启超在《什么是文化》中称"文化者，人类心能所开释出来之有价值的共业也"，这"共业"包含众多领域，如认识的（语言、哲学、科学、教育）、规范的（道德、法律、信仰）、艺术的（文学、美术、音乐、舞蹈、戏剧）、器用的（生产工具、日用器皿以及制造它们的技术）、社会的（制度、组织、风俗习惯）等。

1.1.2　文化概念的理解角度

从古代中国和欧洲"文化"一词的起源，到18世纪近代"文化"概念在德国的诞生，直至今天，对于"文化"的定义依然众说纷纭，不同的研究者对于文化概念的理解各不相同。但纵览所有的这些文化概念，总体上可以归纳为四种理解角度：第一，文化作为背景和语境，即"文化"是人类独有的，是与"自然"相对应的范畴；第二，文化被纳入社会结构、社会制度和社会变迁的研究之中，体现了社会化的过程；第三，文化被作为特殊阶级和政治利益的反映来分析，被视为一种意识形态的形式；第四，文化作为商业化的表现形式，历史上曾有高雅文化和低俗文化之分，而后随着商业化的发展争议逐渐消失，最终倾向于对大众文化的探讨。

1. 文化作为背景和语境

文化作为与"自然环境"相对应的人类的"文化环境"，有时也特指文学和美学分析之中的文化"符号"。日本著名社会学家富永健一认为："广义的文化是作与自然相对应的范畴。在这种情况下，技术、经济、政治、法律、宗教等等都可以认为是属于文化的领域。狭义的文化是产生于人类行动，但又独立于这些客观存在的符号系统。"

广义的文化是人与自然相区分的标志，是人作为社会成员而获得的包括能力和习惯在内的复杂整体。泰勒认为"文化是与过社会生活的人类所特有的状态相关联的东西"。马林诺夫斯基注重社会文化功能方面的研究，他将文化作为整体来分析。他认为："文化在其最初时以及伴随其在整个进化过程中所起的根本作用，首先在于满足人类最基本的需要；这样，文化起初的含义就成了在自然界未给人类以装备的各种环境条件下的人类生存自由。文化的出现将动物的人变为创造的人、组织的人、思想的人、说话的人以及计划的人。""文化不过是人类的有组织的行为。每一种文化成就都直接或间接地满足了人类的需求。"他提出语境理论，创造了"意义就是语境的功能"原则。

狭义的文化研究的一个重要倾向是文化被融入文学和美学分析之中。通过对文化构成要素的解构和对文化系统的剖析，阐释文化创造和发展的过程以及独特的功能意义，包括图腾和神话隐喻、文学文本、符号学模型、话语和语言结构等。在马修·阿诺德的著作中，文化被定义为创造性的文学文本作品，体现高度的道德价值。文学批评家利维斯和艾略特大大推动了文化的社会语境化，并开启了英国文学研究中关于大众文化、通俗文化与小众文化的争论。在结构主义研究中，认为文化与语言相似，通过分析文化的表征系统，研究深层解释。列维-斯特劳斯提出"神话即语言"，通过图腾和神话解释原始思维过程。罗兰·巴特采用文化的符号学模型进行研究，包括语言与言语、能指与所指、组合与系统、指称与内涵。福柯通过话语理论研究文化，他认为"话语能用来描述、定义和分类，并对人群、事物，甚至是知识和抽象的思想体系进行思考"。

2. 文化作为社会化的过程

文化理论研究是人类对自然和自身认识史发展的必然结果，文化研究自然而然地被纳入对社会结构、社会制度和社会变迁的研究之中。文化研究的社会化特征与学者们所在国家的政治和社会发展息息相关，出现了文化进化论、文化决定论、结构主义文化理论等一系列探讨文化作为社会化过程的文化理论。

在资产阶级革命完成得较早、殖民地开拓早具规模的英国、法国，文化研究与对内的资本主义建设和对外的殖民统治的实际目的紧紧相连。从泰勒的进化论到博厄斯的个体与社会的互动，都反映了文化的社会化倾向。泰勒认为，人类社会文化遵循着从低级到高级、从野性到文明的"几乎一致的渠道"，文化的科学实际上是改革者的科学。因此，文化研究的理论基础是社会进化论和实证主义，注重实地研究，相信文化传统的普遍规律。在继文化进化论的观点之后，文化的理论研究又发展出了文化相对主义，也叫文化决定论，反对文化种族主义的观点，成为文化研究中一个比较进步的分支。博厄斯主张"文化本质上是特殊历史情境偶然积聚形成的特质和价值，需要放在独有的社会层面上进行分析，不同社会价值体现差异化的文化行为"。美国著名人类学家怀特强调工艺因素对文化的决定性作用，文化研究是对资本主义批判的一部分。

反映社会和科学特点的早期德国文化研究，具有不同于英法的倾向。难以解决的资本主义社会的文化矛盾，使人们离开简单的进化模式，求助于各种文化哲学的思考。文化实证研究和文化哲学的综合，既是经过两次世界大战西方社会趋同的体现，又是文化研究各种方法论互补的结果。

随着资本主义社会进入稳定期，个人—文化—社会的关系成为文化理论的核心问题，从而形成了围绕象征符号、价值、需要、文化情境、制度等建立的文化理论。当代社会学家帕森斯建立了结构功能主义的社会文化系统，用一系列社会学概念分析文化、制度、规范和个人之间的互动关系。他提出："文化作为象征性的意义系统，既塑造人的行为，也塑造最终生成的产

品。文化被嵌入和简化到社会系统的层面上。共同价值系统构成了社会整合的重要前提。"（Parsons，1951）

3. 文化作为意识形态的形式

在马克思主义的文化理论中，文化研究成为意识形态思想建设和完善制度的一个重要组成部分。在文化讨论和研究中可以看到一种明显的倾向，即以文化问题为旗帜，实际上解决现实社会变革和发展的问题。文化讨论是政治和思想变革中的舆论准备，或者表现为一种维护社会安定、促进社会建设的努力。文化常常被视为一种意识形态的形式，并被作为特殊阶级和政治利益的反映来分析。

马克思的历史唯物主义理论提出"文化是一种附属性的上层建筑，文化是一种支配性意识形态"。葛兰西提出，"国家是阶级统治的工具"，霸权式信仰成为居于支配地位的文化主题。他勾勒出文化在社会变迁与社会整合中所扮演的重要角色，并坚持文化在现代社会的经济和政治结构中的相对自主性。与之相反，正统的马克思主义文化理论直接把文化生产与阶级利益等同起来，文化形式被当成特殊的社会群体或阶级的心理状态或意识形态来表述。阿尔都塞提出，"上层建筑有助于产生资本主义生存所需的条件，它的主要功能是让资本主义得以再生产"，并提出"压制性国家机器"和"意识形态国家机器"两种控制方式。

4. 文化作为商业化的表现形式

随着生产方式的变化和资本主义的发展，文化在现实生活中的地位和功能在不断发展，逐渐演化为商业化的一种表现形式。

19世纪的法国产生了"高雅文化"（或称为精英文化，high culture）和"低俗文化"（或称为大众文化，low culture）之分。社会赋予"高雅文化"比"低俗文化"更高的价值，并将有价值的事物与无足轻重的事物区分开来（Bourdieu，1979）。因此，精英群体就可以维护自己的技术和知识的价值，从而确保群体自身的地位。

20世纪20年代中期到20世纪90年代末，文化产业相关理论发展经历了诞生、发展和基本成型3个时期，并造就了与之相对应的法兰克福学派、英国文化学派和美国文化产业学派（江奔东，2008）。文化艺术品工业化的批量生产，显示着文化产业的端倪。文化产业理论是在法兰克福学派对文化工业的否定和批判中产生的。法兰克福学派大多从维护高雅文化的立场出发，对低俗文化持否定态度。他们指出："文化工业操纵和控制着艺术，通过消费主义和广告业联合，将文化现象与标准化的商品生产一道，取代了批判的和创造性的文化表述。"英国文化学派则对低俗文化不再持排斥态度，而是转向研究二者之间的相互关系。到了美国文化产业学派时期，随着工业化和商业化的高度发展，工业化的文化产品已经渗透到人们生活的各个角落，此时关于高雅文化与低俗文化的争论已经没有多大意义，他们将研究重心转向文化产业的经营、运行和管理。他们认为，高雅文化和低俗文化可以共存发展，是因为他们拥有不同的受众群体。

随着资本主义商业化的发展，后现代主义思潮逐渐消除了高雅文化与低俗文化的鸿沟，使得前工业时代二分法受到严重动摇。有较高道德价值的前工业文化与围绕"原子化"的社会结构建立的工业的、资本主义的低俗文化之间形成对立。在当今时代，随着大众媒体的发展和资本主义商业化发展，低俗文化已被民众广泛接受，甚至成为一种社会生活方式。低俗文化具有批量生产的属性，最终目的是促进大众消费。后现代性表达了以文化、文化消费、媒体与信息技术为核心的后工业经济形态。詹姆森提出："我们已经进入资本主义的后期阶段，它的特征是符号与象征的无尽循环，以及全球范围的信息流动。形象的享乐主义消费是这个资本主义阶段的核心"。大卫·哈维的观点是，"后福特时代，受资本驱动的趋势蔓延到文化生活中，如媒体、风潮、流行、影像的作用越来越重要"。斯科特·拉什强调，后现代的主要内容是"去分化"，文化、经济与政治的直接界限正在瓦解，高雅文化与低俗文化越来越难以区分；影像与奇观取代叙事和历史作为文化生活的核心地位。

1.2 文化理论的发展

文化理论的研究经历了18—19世纪的近代文化研究发端，到19—20世纪文化的理论化，以及20世纪50年代以后的文化理论分化。18—19世纪的文化理论主要包括以泰勒为代表的文化进化论、以博厄斯为代表的文化决定论。19—20世纪的马克思主义文化理论实现了文化的理论化，在经济文化生活中产生了深远的影响。20世纪50年代之后，文化理论分化共存，产生了结构主义、后现代主义和女性主义等文化思潮，具体发展如图1.1所示。

图1.1 文化理论的发展框架

18世纪的法国启蒙运动被认为是近代文化研究的发端。近代资本主义的兴起引起人们对封建传统文化的反思和批判，使人们开始重视整个文化问题。在19世纪，随着欧洲的殖民主义在全球扩张，世界各地不同国家的民族和部落的文化材料呈现在人们面前。同时，实证主义思想从自然科学领域延展到社会科学领域，推动着人类学与社会学的发展。作为欧洲启蒙运动精神的传承人，当时的人类学家在一致承认人类社会的统一性的同时，试图提供一种客观方法来解决人类社会多样性带来的社会问题，并主要形成了两大理论派系：一是以英国人类学家泰勒为代表的"文化进化论"派系，二是以博厄斯为代表的"文化决定论"派系。"文化进化论"极力提倡人类文化的统一性，用文化演进的普遍规律来解释文化现象，把文化多元性带来的社会影响降到最低。"文化决定论"则重视多元化和与多样性，提出文化只能以多元的形式存在，文化形式纷繁复杂、多种多样，不能使用宽泛的理论来对不断演进与发展的文化进行简单概括。以博厄斯及其学生为代表的美国人类学家创建了以特殊的文化情境来理解文化的理论框架。

马克思的资本主义社会学对文化社会学进行了广泛地涉猎，从哲学和文化资料两方面进行分析，奠定了马克思主义文化理论的基础。20世纪的马克思主义思想家深化和发展了马克思主义文化理论，试图让文化在社会生活调节和资本主义经济秩序维护中有一个积极自主的角色。

结构主义最初是在20世纪50年代法国流行的哲学思潮，继而在欧美等西方各国内传播开来。其影响不仅波及其他社会科学学科，而且通过巴特等人的叙事学和符号学研究又扩展到文学批评、历史学乃至哲学等领域，奠定了后结构主义的发展基础。结构主义的特点是探寻文化的深层结构和模式，尤其是用语言中的结构和模式来解释文化现象，因此结构主义的观点是将文化现象理解为系统中的要素。

后现代主义的起源可追溯到20世纪50年代，通过让·弗朗索瓦·利奥塔、让·鲍德里亚等学者实现理论化。后现代主义被视为宏大叙事与普遍真理的掘墓者，开启了一个尊重差异、文化多元的新时代。后现代主义带来的最重要的影响莫过于人们开始认识到高雅文化与低俗文化之间并不存在绝对的界限，完成了人类社会价值标准的转换过程，致使价值多元主义时代的来临。

第二次世界大战后，女性主义独立成为一种波及所有人文学科门类的声势浩大的社会思潮。根据英国文化理论家约翰·斯道雷对女性主义的观点，女性主义拥有不同流派，主要包括激进女性主义、马克思主义女性主义、自由主义女性主义、双重系统理论等。

1.2.1 文化进化论

1. 理论内涵

文化进化论源自于达尔文的自然科学进化论，把人类文化的发展看作统一的，也称为"文化统一论"。文化进化论认为人类文化和社会进化的一般性规律是由低级向高级的，由原始的、野蛮的阶段向现代的、文明阶段的有序进化。也就是说，文化进化论的核心思想是假定文化实践只能在普遍的进化阶段的框架中才能得到解释。19世纪后半叶到20世纪初，"文化进化论"是文化理论研究中的核心思潮。

2. 历史源流

由于人对"文化"的认识是在区别生物遗传性和人工习得性过程中逐渐发展的，因此，近代文化研究的勃发是生物进化论研究的成果和伴生物。达尔文关于人类进化和"性择"等研究，开启了文化研究之先声；和达尔文同时代并互有启发的社会学家和哲学家赫伯特·斯宾塞，是近代文化研究的前驱者。斯宾塞在把社会类比于生物机体的同时，特别指出了社会不同于生物机体的"超机体"的特征，开始应用于人种志的材料，提出文化问题的研究（顾晓鸣等，1987）。与达尔文发表论人类进化著作《物种起源》同时代的泰勒，在其发表的《原始文化》一书中同样持进化论观点，他提出的文化定义成了经典定义之一。

文化进化论经历了古典进化论和新文化进化论两个时期。19世纪末，以泰勒和摩尔根为代表的人类学家，提出了文化进化论思想，被称为古典进化论。它是一种"单线进化论"，实际上是一种机械进化论，后来古典进化论在反进化论思潮影响下逐渐衰落。到20世纪30年代，在美国著名人类学家怀特的努力下，新文化进化论开始崭露头角，并于20世纪40年代开始成为文化人类学的主流思潮。

1）理论奠基——古典进化论

19世纪末，以泰勒和摩尔根为代表的人类学家提出了文化进化论思想，被称为古典进化论。古典进化论的主要观点是人类社会文化处在不断进化的进程中，并且经历着从低级到高级的普遍规律。

英国人类学的创始人泰勒的重要贡献在于其对于文化的定义和文化进化论的观点。他以均变论和遗留物为原则，进行人类文化的历史重构。均变论的核心观点是文化的过程对于所有民族都是相似的，不论他们在何时何地生活，因为人类的思想都是相似的。因此，"人类社会文化的发展遵循'几乎一致的渠道'，表现为进步的特征，并且在文化的进化中得以展现。"遗留物是指"仪式、习俗、观点等，它们被习惯于从所属的社会阶段带入到新的社会阶段，于是成为较古老文化的证据和实例（Tylor，1958）"。文化进化论是泰勒《人类学》一书中的核心观点，他强调文明发展所取得的成就："历史表明，艺术、科学以及政治制度最初都是从残暴粗鲁的国家中发展起来的，并且在历史的进程中变得愈加进步和系统，越来越易于控制和组织，以达到它们的初衷。"泰勒的文化进化论体现着一种不均衡的决定论：一方面，人类的历史是由进步而不是退化构成的，是经过了由简单到复杂的转化，走过了从野性到文明的轨迹；另一方面，人类学对于人类进步做出了贡献，"文化的科学实质是改革者的科学"。

摩尔根在文化进化论的框架下，通过田野观察和广泛的跨文化资料研究，编辑出版了《古代社会》这一杰出的人类学著作。他研究了全球范围的亲属称谓制度，总结出类分式与说明式之间的差异，标志着未开化与文明之间的区别；并指出是私有财产及权利的产生使得称谓制度得以进化。这种理解不同社会之间历史联系的方法，逐渐转变为理解整个人类社会发展的主题。《古代社会》一书中指出，"关于人类早期情形的研究表明，人类是从低等级开始其生涯的，并通过缓慢的经验性积累，逐步从愚昧迈向文明。""人类的不同部分，都代表了同一链条上的不同位置（Morgan，1877）。"摩尔根认为，"连续发展的生存技术才是人类在地球上拥有至上地位的基础"，这暗示着"人类进步史上的伟大时代，都被认为或多或少与生存资料的增长直接相关"。这种关于文化进化的物质基础的理论，被后来的文化进化论者视为摩尔根的主要遗产。摩尔根的贡献是重要且持久的，他试图将人类学的资料根据文化进化的清晰框架来进行处理，而不只是将文化差别当作民族志的猎奇。

2）理论发展——新进化论

20世纪30年代，文化进化论学者们坚持摩尔根等人的进化论思想，提出了一系列明确的、科学的法则，使得文化进化论思想更为精致化和系统化。同时，把文化变迁和不同的物质存在领域相连，提出了"技术—经济"是文化或社会进化的决定性因素，被称为"新进化学派"。

对进化原因的解释是唯物主义的，强调的不是历史重构，而是提供因果解释的重要性。怀特将文化划分为技术的、社会的和意识形态的3个范畴，提出了"普遍进化论"。他认为，文化是人类适应物理和社会环境的手段，"文化是一个需要持续获得和转换能量的热力学系统"。文化的动力只能来源于能量，文化能否进步取决于对能量的发展、利用和控制。斯图尔德的核心观点是"多线进化论"，提出文化是随着对环境的适应而进化的，相似的文化模式反映了对相似环境状况的相似适应（Steward，1958）。他提出了多线的而非单线的进化。萨赫林斯综合了两者的观点，认为文化进化包括一般性和特殊性两个方面，前者是一个历史形态的连贯，后者是既定发展顺序中各种形态表现阶段的序列。马文·哈里斯用人类生活的3套体系（基础结构、结构和超级结构）来解释文化模式。他认为，基础结构与社会对生产和再生产的控制相关，涵盖技术、人口、谋生手段和环境等方面。这种解释根植于物质因素而非意识形态构建物。基础结构的革新将倾向于改变结构体系，对于因果关系的影响更大（Harris，1992）。

3. 理论影响

文化进化论作为自19世纪后半期兴起的一个理论流派，以其浓厚的自我意识充当了时代思想的先锋，泰勒和摩尔根关于文化进化理论影响深远。在经历20世纪初期反进化论的衰落之后，20世纪的新进化论者们通过对进化原因的关注，使得进化论重新浮现。从20世纪60年代到80年代，这些观点在美国人类学界处于中心地位。

1.2.2　文化决定论

1. 理论内涵

与文化进化论相对，以博厄斯为代表的人类学家对文化进化论视角进行了质疑，并提出"文化只能用特殊文化模式来加以解释"，即只有在其特殊的文化情境中才能理解一个特定社会的实践，被称为"文化决定论"或"文化相对论"。在博厄斯影响下，一大批美国人类学家，如克罗伯、本尼迪克特、萨丕尔等对文化因果条件、个体与社会的互动关系进行了深入研究。

2. 历史源流

1）理论奠基——特殊的文化语境

文化相对论诞生于近代的欧洲殖民扩张活动。博厄斯认为，文化实践只有放在特殊的文化语境中才是可解释的，这一观点确定了20世纪美国人类学的发展方向。他曾举例说明，"国家博物馆里的人类学藏品不应该按照技术的'阶段'来展示，而应按照其所属部落来安排布置，以体现各个群体独特的风格"。博厄斯推翻了文化进化论模式，为研究特定文化提供了理论支持。他坚持，文化是由特殊历史过程造就的统一体，而非普遍进化阶段的反映。同时，博厄斯暗示了个人与社会之间存在的关系，即文化要素与文化整体之间的关系，但并未真正解释文化整合的过程。

2）理论发展——个体与社会互动

博厄斯的基本方法传给了一大批美国职业人类学家，他们包括克罗伯、本尼迪克特、萨丕尔等。如果文化本质上是被发明、传播和人口迁徙的特殊历史情境所偶然积聚在一起的不同特质和价值，那么文化又怎么能融为一体呢？像博厄斯写到的那样，"文化发生的因果条件在于个体与社会的互动"。那么这种互动的本质是什么？是什么赋予了文化特殊性？博厄斯的学生们对这些问题进行了艰苦探索。他们的答案可以用3个概念加以框定：文化在因果上的优先性、微观世界或缩影概念、文化知识正在迅速消失的认知。

克罗伯认为文化是与社会、个体或者有机体相区别的一种现象，它是一种普遍的、超生物的统一体。文化是由习得并共享的习俗与信仰元素构成的。文化存在于其自身独有的分析层次上，不能够还原为其他层面的现象，而只能从其自身的特征来加以解释。他创建了"文化地区"和"文化模式"

概念，从而研究一个特定地区内各种社会群体的基本特征的空间传播与适应方式。他强调："一方面，人们在理解文化时，主要借助于文化因素；另一方面，任何一种文化，如果脱离了非文化因素或环境，它将不能被人们所理解。"文化在某些方面的变化，主要是风格上的变化，也许是由文化内部个体所不知道的超有机体的律动所支配的。

本尼迪克特的理论深刻影响了文化人类学，尤其是文化与个性领域。她把文化设想成某种由知识、宗教与审美因素组成的完全概念。她在1934年所著的《文化模式》一书描绘了3种不同的文化，并做了比较分析，集中体现了她对普世文化弧线的理论假设。她认为，文化是一个有机的整体，是基于存在的基本价值之上的完形，而这些价值因文化而异。文化具有各自独特的本质，因为个体是作为特殊文化的成员而习得核心价值的。个体与社会之间的联系基于价值。

萨丕尔是人类语言学的创始人，他重点研究文化与语言、个人的感知能力与认知能力之间的关系，以此来解释处于不同文化背景下的人们表现出的不同文化行为。他坚决反对"文化可以独立于人类本身在不同文化之间传播"的观点，认为"文化是一个被参与到公共话语当中的个体不断修改的文档"。个体远非文化的消极产物，他们通过行为和言语建构了文化。甚至那些文化最基本的观念也并不是对基本的、恒久的价值的集体表达，而是争论和异议的对象。语言和象征符号的运用使人类可以积极地创造新的文化形式。萨丕尔引发了关于意义的文化建构的讨论。

3. 理论影响

19世纪90年代末期，博厄斯对进化论模式展开批评，削弱了文化进化论的整体基础。博厄斯认为进化论的单线排序不过是个简单的假设，但是这种历史关系无法证实，也没有办法证明这样一种关系的存在。他推翻了进化论模式，为研究特定文化提供了理论支持，并暗示了个人与社会之间存在的关系，即文化要素与文化整体之间的关系。博厄斯的观点在美国人类学界产生了巨大影响，20世纪初期掀起了一股反进化论的潮流，相关研究开始从相似性转为关注差异性，直到20世纪40年代进化论方法被重塑。博厄斯的学生们在他发现的关键环节，即个体与社会间的关系方面持续研究。正是他的学生们在对于文化本质的不断探索和讨论中，使得文化决定论形成深远的影响。

1.2.3　马克思主义文化理论

1. 理论内涵

初期的马克思主义文化理论以"经济基础—上层建筑"模式为基础，认为文化作为一种附属性的上层建筑，属于支配性意识形态，文化力量被边缘化了。20世纪的马克思主义学者试图将文化的解释纳入马克思理论框架体系中，并具有很强的人文主义特征，被称为"新马克思主义"或"后马克思主义"。

2. 历史源流

1）理论奠基——马克思主义

初期的马克思主义文化理论认为，文化作为一种附属性的上层建筑，是一种支配性意识形态。马克思提出了"经济基础—上层建筑"模式，并阐释社会与历史发展的过程。他认为，每一个重要的历史时期都是围绕特定"生产方式"被建构出来的。"经济基础"包括生产力和生产关系；"上层建筑"包括制度和与之相生的"社会意识的确切形态"（如政治、宗教、哲学、文化等）。文化没有自主性，只是作为其他社会力量的反映而存在，实际上被经济和政治力量边缘化了。但是尽管文化的文本和实践从来不是历史的"原动力"，但却在历史变迁和社会稳定中扮演了行动者的角色。

马克思和恩格斯认为，统治阶级的思想在每一个时代都是占统治地位的思想。统治阶级总是想方设法地把自身利益呈现为所有社会成员的集体利益，从而导致了意识形态的斗争和冲突。他们认为，文化等级关系与社会群体的统治与被统治关系有着直接的联系。

2）理论发展——新马克思主义

20世纪的马克思主义对于"文化视为经济基础的衍生物"观点持反对态度，试图让文化在社会生活调节和资本主义经济秩序维护中有一个积极自主的角色。在研究中更为关注人的经验、意识、自由、集体联系等，这种取向与注重结构的马克思主义形成了对比，被称为"新马克思主义"或"西方马克思主义"。代表人物有阿尔都塞、葛兰西、法兰克福学派的阿多诺、霍克海默和本雅明等。

阿尔都塞试图对马克思"经济决定论"与上层建筑的相对自主性思想进行调和。他更为注重对社会生产关系的研究，提出"压制性国家机器"和

"意识形态国家机器"（大众媒体或低俗文化）两种统治方式。通过对比后他得出结论，即"意识形态国家机器的作用是让行动者对社会及自身在社会中的位置形成错误的概念"，对确保国家长期的社会再生产活动起到关键性作用。

　　葛兰西对文化研究做出的最大贡献在于提出了"霸权"（hegemony）这个概念。他认为，历史不是经济力量的产物，而是以集体形式组织起来的"人类意志"共同作用的结果。文明社会是文化与意识形态的领域。尽管社会中存在阶级压迫，但各个阶级之间达成了高度共识，被统治阶级服务于"共同"的价值、观念、目标及文化和政治内涵。霸权是一种完整的社会进程，知识分子通过这种霸权成功地说服其他社会阶级接受统治阶级的道德、政治与文化价值观念。因此，文化既是制度，也是实践，紧密联系着历史与政治，与权力关系相交织。高雅文化与低俗文化二元对立，这不过是一种等级森严的社会在意识形态上的表露。

　　创建于1923年的法兰克福学派是一个以法兰克福大学社会研究所为大本营的德国知识分子群体。他们深受马克思主义和精神分析学说影响，在沿袭马克思主义思想的同时，开创了"批判理论"，对现代资本主义与文化产业进行分析。他们把文化作为对抗形式和乌托邦，作为现存社会新的出路，极力谴责文化产业的标准化和工业时代消费大众表现出来的奴性与被动性。他们认为，文化工业理论压制了社会斗争的建构作用和现代社会的多元性质。文化工业生产出来的文化具有"标准化、模式化、保守、虚幻"的特征，是极具操纵性的消费品（Lowenthal，1961），它们让工人阶级忘记了自己在资本主义体系里的剥削和压迫。研究者们担心文化产业最终将会控制和安排大众的空闲时间，来确保资本主义体系的稳定性。对于阿多诺和霍克海默来说，"文化产业是商品拜物主义的强化和延伸，文化产业正在制造某种同质性的、可预知的社会文化，最终将维护资本在经济领域、政治领域与意识形态领域的统治地位。文化工业生产出来的商品具有同质性和可预见性两大特征。"

　　本雅明的观点与阿多诺截然相反，他在开创性研究"机械复制时代的艺术品"中表达了艺术商品的剧烈变化和对文化生产的作用。由于机械的批量生产，艺术已经在20世纪的文化产业发展中失去了"原汁原味"。他支持艺术的商品化，提倡低俗文化在艺术文化生产中的参与作用。他认为，艺术的商品化和低俗文化的参与能够推动艺术的民主化和政治化，最终帮助人们从资本主义文化产业中解救出来。

3. 理论影响

马克思主义的"经济基础—上层建筑"模式对文化的生产和消费产生了深远影响。阿尔都塞和葛兰西等试图限制马克思经济决定论的作用，并着力强调人类力量在历史变革中的推动作用，对文化理论发展产生了巨大影响。法兰克福学派对于晚期资本主义的合法性批判、文化工业批判、科学技术的意识形态性批判等都为马克思主义文化理论的发展提供了宝贵的思想资源。

1.2.4　结构主义文化理论

1. 理论内涵

结构主义的核心是探索文化意义是通过什么样的相互关系（也就是结构）被表达出来的。根据结构理论，一个文化意义的产生与再创造是透过作为表意系统（systems of signification）的各种实践、现象与活动，来找出一个文化中意义是如何被制造与再制造的深层结构。结构主义的特点包括深层解释表面、深层的结构化、分析者是客观的、文化与语言相似等。

2. 历史源流

资本主义社会进入稳定期后，社会呈现新旧急剧更替的局面，各种亚文化的界限日益明显，文化价值和文化象征意义呈现出前所未有的纷繁景象，许多新的思潮应运而生。其中具有代表性的结构主义是最初在法国流行的哲学思潮，继而在欧美等西方国家传播开来。文化研究广泛吸收语义学、传播学、符号学等新兴学科的成果，着重解决文化的实证研究问题，继而产生结构主义文化理论。结构主义起始于斐迪南·德·索绪尔的语言学著作，后经列维-斯特劳斯发展，成为人类学中的一种文化分析理论。

到20世纪50年代，特别在法国，结构主义文化理论的影响不仅波及其他社会科学学科，而且通过巴特等人的叙事学和符号学研究又扩展到文学批评、历史学乃至哲学等领域。可以说，20世纪50年代是一个以结构主义为主导批判话语的年代，它取代了40年代的现象学和存在主义思潮的地位。

1）理论奠基

结构主义文化理论来源于语言学研究。20世纪50年代，瑞士语言学家索绪尔最早采用"结构"分析方法运用到语言学研究，被誉为"结构主义之父"。第二次世界大战后，法国人类学家列维-斯特劳斯提出"图腾动物是用来想的东西"，即通过象征物可以建立起复杂的符号系统、二元对立系统、亲属关系系统。在这种从自然中创造文化的过程中，转换系统频繁发挥作用，他提到"原始思维赖以运作的方式是一种具体的科学"。结构主义反对人性自由和选择的观点，它关注人类行为是由各种各样的结构组织所决定的研究。

法国哲学家巴特早期主张采用文化的符号学模型，把语言学和文化研究紧密地结合在一起，并阐述了贯穿于符号学研究之中的一些基本术语和概念，包括语言与言语、能指与所指、组合与系统、指称与内涵。同时巴特很关注神话式内涵通过常识性思维来发挥作用的方式。他指出，我们在看到符号的时候，会不假思索地用某种特定的方式对它做出解读，而不会觉察到它背后有一个复杂的符号系统在起作用。神话在人们的体验中就成了单纯的言语；并不是因为神话的意图被掩盖起来，而是因为这些意图已经被自然化了（Barthes，1973）。

美国人类学家马歇尔·萨林斯作为正统结构主义末期的代表人物，主张更具文化特点的研究模式，其理论体现了很强的文化结构主义特征。他提出文化是塑造经济生活的主要力量，而不像马克思主义所说的那样被经济塑造。他认为"文化秩序也是被作为一种商品秩序来实现的。商品代表的是用以对人、场合、功能和情况进行指称与评价的客观符码。生产在运作时依据的特定逻辑，是物质与社会之间的对应关系，生产则是在物品组成的系统中，对文化进行再生产"。

2）理论发展——后结构主义

后结构主义产生于结构主义。后结构主义与结构主义有两个最突出的共同点：第一，从文化的语汇角度来看，大量运用了语言学和文本观点的文化模型，符码、神话、叙事等概念也占有很重要的位置；第二，强调符号系统是文化分析的重点，注重构建主体能动性，是充满任意性的文化力量和历史力量。同时后结构主义在一定程度上又是对结构主义的突破，在后结构主义者看来，结构主义是西方形而上学思想传统的最新形式，对于结构主义的批判是作为对于整个西方形而上学传统的批判的序幕，因此，在这种背景下，后结构主义的标志是消解形而上学传统。

福柯作为20世纪法国思想家，对后结构流派的思想有着很大的影响，他关注的首要问题是话语与权力之间的关系，以及权力对话语（discourse）和话语构型（discursive formation）的操纵。话语通过3种途径发挥作用，分别是赋权、限制和建构。话语是"系统地构成了人类言谈对象的实践"（Foucault，1989）。他重点提出两个方面内容：第一，对权力的论述，以往权力研究多半停留在政治法律层面，他在《规训与惩罚》中详细分析了古往今来压迫的不同形式，认为在现代社会权力是弥散的，浸透在社会生活的各个方面，存在于经济、知识、性等关系中，直接发生影响。同时权力不应看作一种负面力量，一种否认、压制的东西，权力是生产性的。第二，权力与话语的关系研究，他认为人们控制他人大多通过语言手段，通过话语行为确定了语言并限定人们对其可能性的思考，所以话语和权力密不可分，话语是各种机构通过一种界定和排斥的过程运用其权力的手段。

雅克·德里达作为20世纪后半叶最重要的法国思想家之一，法国结构主义代表人物，他的思想在60年代以后掀起巨大波澜，成为欧美学术界最有争议的人物。德里达的理论动摇了传统人文科学的基础，也是整个后现代思潮最重要的理论源泉之一。他认为对于结构主义而言至关重要的"二元对立"并非简单的结构性关系，而是一种权力关系，是将一种宰制性的词语体系凌驾于其他词语体系之上。他提出意义总是延迟的，绝不会以完整面目示人，总是既缺席又在场。他提出了非常重要的一个概念：延异，意指意义的浮现总是既有延迟又有差异。

3. 理论影响

20世纪50年代至60年代中期，列维-斯特劳斯指出了文化系统自我维持、自我支持的特性，在文化自主性研究方面产生深远影响。巴特提出的符号学研究方法，影响了20世纪70年代至80年代的英国文化研究领域，建立了一种富有经验研究和符号学特色的批判文化理论。后结构主义对结构主义过于宏大的构想做出了有效的修正，它对于文本、读者、话语、权力与知识、乐趣与解构这些概念的认识，进一步促进了文化理论的探索发展。福柯和德里达作为20世纪后半叶法国后结构主义代表人物，在文学艺术批评、媒体研究等领域占据了支配地位。20世纪60年代后，皮埃尔·布尔迪厄突破性地试图将微观与宏观分析综合起来，创立文化场域理论，试图将行动、权力与变化融入结构主义对文化场域的整体理解之中。

1.2.5　后现代主义文化理论

1. 理论内涵

工业革命后，随着资本主义商业化发展，文化生产和传播方式发生了变革，文化逐渐演化为商业化的一种表现形式，涌现出以"后现代主义"为代表的新文化思潮。后现代主义是一种旨在对抗现代主义的文化精英主义的思想观念，意指因支持低俗文化而导致的现代主义的衰微。在后现代主义那里，建筑混合不同形象和风格，电影强调景观与形象，消解了空间感。而后现代文化被媒介所主宰，指向一种大众的和民主的新文化，同时高雅文化和低俗文化之间的界限逐渐淡化。它产生于一代人对高雅的现代主义的主流地位攻击，它被视为消除了高雅文化与低俗文化之间"不可逾越的鸿沟"（Huyssen,1986）。后现代主义强化了关于"现时"的感受，奉行享乐主义，具有明显的碎片化、创造性和个性化特征。

2. 历史源流

伴随着资本主义生产方式的变革，印刷机械、广播电视、电影、音乐、广告、报刊图书飞速发展，从根本上改变了以往文化自然累积的状态，人工大量制造"文化"，复制"文化"，传播"文化"……"文化"逐渐演化为商业化的一种表现形式，继而产生了后现代主义思潮。

后现代主义理论出现于20世纪50年代晚期与60年代，通过法国文化理论学家利奥塔、鲍德里亚和美国文化理论家詹姆逊等学者实现理论化。后现代主义反对高雅文化与低俗文化之间存在显著差别，对现代主义的主流和高雅文化进行批判，区别于现代主义的普遍性和权威性。法国文化理论家利奥塔的《后现代状况》对后现代理论产生了深远的影响，正是该著作将"后现代主义"这一表述引入了学术研究领域。他认为，所谓的"后现代状况"指的是西方社会出现的一种知识地位的危机，具体体现为"对宏大叙事的怀疑"以及"宏大叙事合法性机制的衰落""宏大叙事故事的崩溃"，主张文化多样性，推崇百家争鸣；科学迷失方向，其"目标不再是'真理'，而蜕变为一种'操演'"；高等教育的"使命是传授技能，而非追求理想"。

法国文化理论家鲍德里亚俨然是英语世界里的大师级人物，并跻身顶级后现代理论家之列（Best et al,1991）。他认为，后现代主义与其说是简单的符号文化，不如说是一种关于"拟像"（simulacrum）的文化。他提出"超级现实主义"概念，认为仿真是"在真实或原本缺席的情况下对真实模型的衍生，是一种超级真实"，也就是仿真与真实带给人们的体验别无二致。后现代传媒不再提供关于现实的次级表征，而是在介入现实的过程中对现实进行生产；表征就是事实本身（Baudrillard，1983）。

美国马克思主义文化批评家詹姆逊曾写过大量关于后现代主义的著述，影响深远。他强调在马克思主义或新马克思主义的理论框架之内诠释后现代主义。他提出后现代主义绝不仅仅是独特的文化风格，而是一个"分期概念"，是晚期资本主义或跨国资本主义的"文化统治"的观点。后现代主义是一种"混仿"的文化，其最重要的标志是"历史暗示之自鸣得意的表演"（Jameson，1988）。"混仿"（拼贴）与戏仿不同，是一种"空白的戏仿""空洞的复制"（Jameson，1984）。后现代文化并非一种质朴的原创性文化，而是一种引用的文化，意即后现代文化产品是从以前的文化产品中生成的，因此后现代文化呈现"平面化、无深度"的特征，"是一种新型的、名副其实的表面文章"。后现代文化强化了关于"现时"的感受，丧失了历史感，"时间"文化让位于"空间"文化，是一种放弃抵抗、毫无希望的商业文化。不只是高雅文化与低俗文化界限的消亡，而且是文化领域与经济流动领域之间壁垒的坍塌（Jameson，1985）。

3. 理论影响

后现代主义被视为宏大叙事与普遍真理的掘墓者，开启了一个尊重差异、文化多元的新时代。后现代主义带来的最重要的影响莫过于人们开始认识到高雅文化与低俗文化之间并不存在绝对的界限，完成了人类社会价值标准的转换过程，致使价值多元主义时代的来临。后现代的另一个方面就是文化的融合，即"新媒体与旧媒体互相碰撞，草根媒体与商业媒体相互交叠，媒体生产者与媒体消费者亦以前所未有的方式互相影响"（Jenkins，2006）。这并非简单的新技术问题，而是一个要求消费者更加主动地参与到传媒生产之中的过程。

1.2.6　女性主义文化理论

1．理论内涵

女性主义（feminism）源于法国，被用作妇女解放的同义词，大致是在19世纪80年代进入英语词汇，意指基于天赋人权而产生的、以男女平权或男女平等为核心的思想和理论（周文莲，2010）。女性主义是一种从本质上关注女性受压迫地位、为女性争取社会权力的理论（Storey，1993）。

2．历史源流

1）女性主义与女权主义

"feminism"一词最早出现在法国，经英美传到日本，"五四"时期传到中国。最初定名为"女权主义"，显示出着眼于男女社会权力平等的时代特征。港台学界现依然多用"女权主义"的译法，而大陆在20世纪80年代重新引入"feminism"概念时，大多采用了"女性主义"的译名，显示了中国大陆经过妇女解放运动后，对西方这一观念的特殊反应（孙绍先，2004）。

"女权主义"与"女性主义"的区别耐人寻味。女性主义涵盖并超越了两性的权力关系，更加关注性别冲突的多层次内涵，这是国内目前多用"女性主义"一词的原因。女性主义是理论与实践的结合产物，是一种男女平等的信念和意识形态，旨在反对包括性别歧视在内的一切形式的不平等（孙绍先，2004）。

2）理论发展

女性主义思潮的出现可以追溯到欧洲文艺复兴和宗教改革运动时期。人文主义者针对封建等级制和宗教神权至上提出的"人权"观念，已经潜在地包涵了女性人权的不安定因素。第二次世界大战后，女性主义开始脱离人文主义阵营，独立成为一种波及所有人文学科门类的声势浩大的社会思潮，独立的有别于男女合作方式的女权主义运动在欧美各国先后出现。英国女作家弗吉尼亚·伍尔芙早在1929年就写出了题为《自己的一间屋子》的文章，抨击了无处不在的性别歧视现象，并分析了女性若要发出属于自己的声音，应当具备什么样的社会前提条件。法国的女哲学家西蒙娜·德·波伏娃提出"女人不是天生的，而是被塑造成"，至今仍有十分广泛的影响。这两位女性的思想对以后的西方女性主义思潮产生了重要的引导作用。

20世纪六七十年代，西方的女权运动进入第二阶段，也被称为"新女性主义"。这场波及欧美许多国家的女权主义运动，一开始就与黑人民权运动相结合，后来又与反战和平运动遥相呼应，其声势与影响均非上一阶段女权主义运动所能比拟。更重要的是，这一阶段的女权主义运动非常注重理论建设，并与20世纪以来各种西方哲学思潮和众多学术流派密切相关，其主要特征是对于男权中心主义的全面清理批判与女性主体意识的觉醒。女权主义作为一种新的世界观和意识形态对所有父权社会的文化遗产进行了规模空前的批判和清理，与风行欧美的各种后现代思潮一起，催生了如"女权主义文学""女权主义史学""女权主义社会学""女权主义心理学""女权主义哲学""女权主义经济学"等诸多分支学科。女权主义思想逐步开始由思想与学术边缘进入主流话语区，并在空间上迅速扩展到世界其他国家和地区。

从地域上来说，西方女权主义批评逐渐衍生出美国、法国和英国3个主要流派，它们之间相互影响与渗透，逐渐扩散到世界其他国家和地区。其中尤以美国和法国学派影响为大。第一阶段西方女权主义运动以追求妇女的社会权利为目标，至21世纪初，这场运动以西方社会关于妇女财产权、选举权等法案的通过而胜利告终。但这一系列法案并不能保证妇女的独立，原因是"女性奥秘论"的西方男权社会有意识通过对"女性气质"的规定和宣扬，使妇女自动选择回到家庭中去，甘心于受支配的附庸地位。贝蒂·弗里丹用事实批判了这种"女性奥秘论"，引起了知识女性阶层的共鸣，启发了美国中产阶级妇女对于男权社会意识的怀疑和质疑，成为第二阶段女权主义运动的开端。第二阶段的女权主义也呈现出政治色彩过于浓厚和实践行为较为激进的特点。例如，女权主义妇女解放运动的许多领袖把婚姻称作"奴役""合法的强奸""无偿的劳动"。这一阶段的女权主义运动的理论标志是1970年出版的凯特·米利特的《性政治》（*Sexual Politics*）一书。这本书被视为第二阶段西方女权主义文学批评形成的标志。伍尔芙的《一间自己的屋子》（*A Room of One's Own*）、波伏娃的《第二性》（*The Second Sex*）这些书被重新"发现"了，它们与大量新的论著一起，构成了第二阶段女权主义运动的主流话语。20世纪80年代，欧美的各种后现代主义思潮兴起，"去中心"与"解构"等"后学"的方法论对女权主义有直接的影响和启发，促成了复杂纷纭的"后女权主义"时代格局。后现代女权主义首先否定了传统女权主义的"男女平等"概念。女权主义由平等向差异的转变，不仅是女权主义自身演变的结果，也是西方当代各种后现代主义思潮影响的产物，如福柯的后结构主义、雅克·拉康的心理分析、德里达的解构主义以及各种新马克思主义派别等。

后结构主义-女性主义一定程度上也是后现代主义-女性主义的同义词。它对性与性别持反本质主义立场，坚持认为它们由社会与文化构成，这意味着女性特质和男性特质都不是一成不变的东西，而是由文化和话语所建构。即是说，女性特质和男性特质都是描述和规训人文主体的方式。故此，文化、表征、语言、权力以及冲突等，都成为后结构主义-女性主义的关键词，同时这些关键词恰恰也是文化研究的关键词。

3. 理论影响

女性主义不仅在女性发展问题上促进了社会进步，同时在促进社会整体进步方面也起到了关键作用。究其根本原因在于女性主义涉及的表面问题是女性问题，实则是探究到人类发展的秩序和人的真正自由等深刻的话题。自女性主义发展以来的200年间出现了两次回潮：一次是在20世纪初至60年代有所回潮；一次是在20世纪八九十年代出现回潮。这也促使人们对女性主义本身和女性主义的理论发展提出了更多的思考和更高的要求。

1.2.7 小结

综上所述，文化理论研究存在两种研究思路：一种是努力构建自己独特的理论；另一种是综合各家学说，试图在论述各种观点相互关系中推进总的理论认识（庄锡昌等，1987）。前者偏向于宏大的社会理论叙事，提出文化进化论、文化决定论和马克思主义文化理论经典体系；后者偏向于多种理论和观点的共存和分化，包括结构主义、后现代主义和女性主义等。这两方面的研究总是交织在一起，从而在深入研究每一种视野的同时，不断协调各种视野之间的关系。例如，马克思主义文化理论的发展，促进了新马克思主义理论以及其后的结构主义、后现代主义、女性主义等理论发展。同时，文化理论的各种视野是各种社会动因和科学问题的结果，通过粗线条把文化理论的各种学科向度加以勾勒，以显示出文化理论的基础学科之间的内在结构。

"理论"是用以指导行为的一系列基本的信念（Guba，1990），是表明明确的或暗含的观点或信仰的模式，是研究人员需要掌握的对研究工作的指导理论、研究对象的结构、研究结论的本质与整合方式及其意义（Hemingway，1999）。理论可以分解为3个基本方面——本体论、认识论和方法论（Guba，1990）。

本体论（ontology）研究关于"存在"的理论，是对现实本质的研究，对自然存在的研究。本体论的概念最初起源于哲学领域，可以追溯到公元前四世纪古希腊哲学家亚里士多德，是哲学中研究"存在"的性质及其关系的理论，在哲学中定义为"在世界上对客观存在物的系统的描述，即存在论"。简言之，本体论研究的是"是什么"。

认识论（epistemology）研究人类认识的本质、来源及发展规律的哲学理论，是自然存在被人们了解、认知的方式。

方法论（methodology）研究知识形成的一般性原则的逻辑分支。方法论可以指对一个学科的研究方法进行理论的分析，也可以指一个学科特有的一整套的研究方法与步骤。

以下对于每一种文化理论，我们都将从本体论、认识论和方法论3个方面进行探讨和论述，如表1.1和表1.2所示。

表1.1　理论、本体论、认识论、方法论和方法的定义汇总

术语	定义
理论	一系列观点和信仰
本体论	存在的本质
认识论	研究者和研究对象的关系
方法论	对具体研究行为的一系列指导
方法	资料收集和分析的手段和工具

资料来源：Jennings，2001，有改动。

每一种文化理论都有各自形成的历史环境和应用场景，因此在进行实际的文旅融合规划时，要根据不同的情况进行文化理论的选择。很多情况下，我们在一个文旅融合规划中可能会使用多种文化理论。例如，一个地方的历史文化脉络甚至形成的内部逻辑是有客观规律可循的，应采用文化进化论来作为指导；而凝练和提升当地的文化灵魂则可能是仁者见仁，智者见智，应采用文化决定论来指导具体工作；希望形成当地的标志性文化景观，则是结构主义文化理论的范畴。总之，要根据不同的主题、不同的条件来选择不同的理论，从而正确地指导实际工作。

表1.2 文化理论小结

文化理论	本体论	认识论	方法论
文化进化论	普遍的真理和规律	客观的	定量的
文化决定论	多重现实	主观的	定性的
马克思主义文化理论	文化作为一种附属性的上层建筑，属于支配性意识形态	介于客观和主观之间的	主要是定性的
结构主义文化理论	文化可以是通过特定的相互关系（即结构）被表达出来的	主观的	主要是定性的
后现代主义文化理论	世界是复杂的、持续变化的、永远诠释不完的，文化是大众的、多样的、民主的、商业化的	主观的	质疑的、颠覆传统的，定性的形式
女性主义文化理论	世界是以性别为中介的；男性是主导的，女性是从属的	主观的	主要是定性的

在本章的最后，简单介绍一下中国近代的文化研究情况。顾晓鸣等认为，中国近代的文化研究从新文化运动开始，文化问题便是政治问题的一个代名词。他认为，20世纪二三十年代大规模文化讨论的兴起，焦点集中在对待传统文化和西方文化的态度问题上；这次文化讨论虽然带有直接的政治目的，但仍偏重于思想论争；而文化的实地研究则由一批与这些讨论无多大瓜葛的学者在农村市镇或少数民族地区进行着。从我国马克思主义文化研究的传统来看，始终强调文化变革与生产关系变革的相关性，始终强调人（革命阶级在党的领导下）创造新文化、改造旧文化的可能性和必要性，这类文化理论视野显然同现实文化研究任务有密切的关系（顾晓鸣等，1987）。当时社会自然科学水平不高，实地研究力量欠缺，都影响到文化学学科的建立。随着改革开放、尊重知识和人才方针的实施，国外各种文化理论和思潮译著被系统而大量地译介进来，文化学科研究人员也逐渐增加；在这样的情况下，学科内在逻辑发展的自律性趋势，同现代化过程中的文化问题交织在一起，我国文化研究可望产生一种全新的范式（顾晓鸣等，1987）。

第❷章

旅游理论的发展

旅游作为人类的活动，古而有之。从我国古代文人墨客的"云游""周游"，到欧洲中世纪大旅游时代（The Grand Tour），都是旅游在不同时期的表现与发展。旅游的发展衍生出了旅游理论，现代意义上的旅游理论研究起源于西方学术界，认为现代"旅游业"起源于托马斯·库克时代，且19世纪二三十年代是传统旅游向现代旅游转变的重要阶段（John Towner，1985）。随着旅游内涵的不断拓展，旅游理论的发展也更多地涉及了旅游学、历史学、地理学、社会学等多学科研究，成为一门综合复杂性的交叉学科。

目前学术界普遍认为，旅游（tourism）、游憩（recreation）和休闲（leisure）是一组互相关联、意义重叠的概念。从这个概念上讲，"旅游"和"游憩"通常被认为是从属于"休闲"这个更为广泛的概念（霍尔和佩奇，2007）。本书遵循这一广泛的概念认知，将"旅游"置于更广阔的历史背景下去理解，从休闲、游憩与旅游的概述，休闲理论的不同历史发展时期脉络的梳理，以及新时期旅游的新形式3个方面，对旅游理论的发展研究和学术意义进行梳理与阐述。

2.1 休闲、游憩与旅游的概述

2.1.1 休闲、游憩与旅游的关系

旅游、游憩和休闲一般被认为是一组互相关联、意义重叠的概念。从这个概念上讲，"旅游"和"游憩"通常被认为是从属于"休闲"这个更为广泛的概念（霍尔和佩奇，2007）。霍尔和佩奇于2007年阐释了三者的关系（见图2.1），并进一步解释道：旅游和游憩作为休闲的一个组成部分，而虚线则证明这些概念之间的界限是软性的。工作与休闲虽然是相对立的，但工作与休闲之间却存在两个重叠区域：一是商务旅行，这是出于工作目的而发生的旅游形式，与休闲导向的旅游相对立；二是目的性休闲，指在休闲与工作之间存在的一种状态，追求一项业余活动，培养爱好与兴趣。

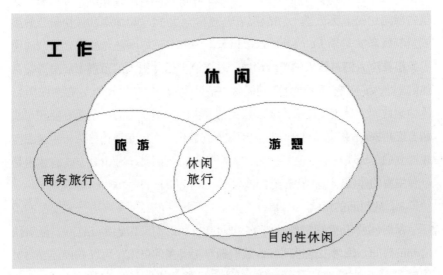

图2.1 休闲、游憩与旅游的关系
（资料来源：霍尔和佩奇，2007）

图2.1还展示了旅游和游憩之间存在的重叠，说明试图在实践中区分旅游和游憩并不容易。传统上，旅游被看作一种根植于私营领域的商业经济现象，而游憩则被视为根植于公共领域的社会关怀；但随着社会的发展变化，尤其是政府角色的变化，旅游与游憩之间的界限已经变得十分模糊，二者的相互重叠已成常态。事实上，在西方国家，随着公共领域活动和私人领域活

动界限的逐渐消失，旅游与游憩的区别也有了新的变化，相比较而言，"旅游"主要指旅行者离开原来的居住环境到一个特定的目的地所发生的休闲和商务旅行行为，这期间还包含了资金从游客到当地区域经济的转移，因此，旅游被看成一种产业，它通过游客的消费而增加就业机会和税收，有助于社区和经济的发展；而"游憩"一般是指当地居民在邻近区域所进行的休闲活动，资金只是在当地社区进行流通、循环（霍尔和佩奇，2007）。

2.1.2 休闲

1. 休闲的概念

"休闲"一词由来已久，它作为一个重要概念，被人们从不同的视角来定义。或许是基于人们历史、文化和社会背景等方面的不同，"休闲"在人们视野中具有多样性，并且作为一个跨文化的现象普遍存在于人类社会中。这些不同的视角反映了社会结构的历史差异，以及"自由"和"快乐"的影响及其概念的差异（Goodale&Godbey，1989）。休闲是一种十分复杂的现象，很难让人们对休闲的概念达成一致观点，但从更大的范围上集思广益，达成一个人们普遍认可的休闲的概念则是可能的。

因此，"休闲"的概念是多向度的，人们一般从时间、活动、存在方式和心态4种视角来定义休闲，即休闲被看作自由的时间；休闲作为一种与工作相对立的，无责任感、无义务感的社会活动；休闲是一种生存方式；休闲是一种主观的体验，一种存在的精神状态。

1）从时间的角度

从时间的角度去考虑，休闲必须具备自由时间，即除了工作和其他责任之外的时间。通常在这些时候，我们拥有相对多的自由，可以做自己想要做的事。休闲被认为是"在生存问题解决以后剩下来的时间"（May & Petgen，1960）。事实上，这种角度将休闲与工作相对立，认为休闲是非工作时间的感受，是这个时间谱系中职责性时间的扣除。

这种说法或许会引发一系列问题，因为要想分清哪些时间是自由时间，哪些不是，这对于不同的社会群体来说是十分困难的。休闲是个人自由意志的产物，是在经济和健康条件允许的情况下自发参与的活动，是一种主动的选择。如果没有主体的认可或选择，就不可能产生休闲。例如，短暂空闲的失业者、久病需要长期休养的病人，以及苟延残喘的老人等就不是休闲者，因为他们是"闲"而不"休"。同样，在生活中某些时间，我们拥有相对多的自由，可以不受其他条件限制，完全根据自己的意愿去利用或消磨时间，而阻碍我们拥有自由时间的事务因人而异，并与我们所处的文化背景及亚文化有关。例如，去教堂或清真寺等场所，在某些文化背景下是非自由时间的义务和责任，而在另一些文化背景下或许只是去消磨时间。

2）从社会活动的角度

从社会活动的外在形式的角度来考虑，休闲可以是自由娱乐、休息，也可以是非功利性的增长技能或增长知识。法国学者杜马兹迪埃认为休闲是"一系列在尽到职业、家庭与社会职责之后，让自由意志得以尽情发挥的事情，它可以是休息，可以是自娱，可以是非功利性的增长知识、提高技能，也可以是对社团活动的主动参与"。在古希腊，"休闲"一词为"schole"，意思为休闲和教育活动。从社会活动来定义休闲，会扩展"schole"的内涵，这种活动可以包含的范围很广，可以是室内的，也可以是室外的；可以是剧烈的，也可以是轻松的；可以是集体的，也可以是个人的。总之，形式可以是多样的，通过自由地选择自己喜爱的活动来得到享受。由此而言，休闲是一种映射人类天性并建构人类意义的自由活动。

即使对于休闲参与者而言，没有任何一项活动可以永远起到休闲的作用。休闲是自愿性而非强迫性的活动，休闲的目的并不在于维持生计，而在于获得真正的娱乐（Pierce，1980）。举例来说，我们在工作之余打篮球，并从中获得乐趣，算是典型的休闲活动。可是如果像"美国职业篮球联赛"（National Basetball Association, NBA）职业球员以打篮球作为谋生手段，那么对于他们而言，打篮球便不能称为"休闲"。

3）从生存方式的角度

从生存方式的角度来考虑，休闲是一种无约束、无束缚的生存状态，是心灵上的自由或驾驭的力量。于是，休闲作为一种优雅的存在状态，通常被用来表达从容、宁静、忘却时光流逝的状态。正如亚里士多德所言，休闲是一种"不需要考虑生存问题的心无羁绊"的状态。米德认为这种状态是"冥想的状态"。约瑟夫·皮普尔则认为"休闲是一种欣喜感，这样的人能够欣然接受这个世界和自己在这个世界上的位置"。在这种状态下，人们淡定从容，自由自在，获得极大的愉悦和满足，生命也因此绽放出喜悦的光彩。

在理想化的情况下，人们都渴望这种心无羁绊的存在状态，但事实上，没有人能摆脱生活中那些必要选择和活动的"羁绊"，同时还会受到必要之外事情的"羁绊"，就如我们既需要工作和睡觉，也需要学习和思考。这样看来，休闲正是这种生存方式的一个结果，不一定要心无羁绊，反而参与了我们认为有意义的事情，会带给我们一种发自内心的冲动，这就是休闲感。如果我们从自我实现的角度去理解休闲，休闲是个人主观上可以追求的一种生存状态，可以去争取、驾驭的东西。通过休闲，人们从羁绊中获得惯常生活事物所不能给予的身心愉悦、精神满足和自我实现与发展。

4）从精神状态的角度

从精神状态的角度来考虑，休闲是人的一种思想和精神的态度，它既不是外部因素作用的结果，也不是空闲时间的必然产物，而是一种精神状态，即人们以一种平和宁静的态度去感受生命的快乐、幸福和价值。这是一种休闲感。这种休闲感的真正意义在于，不论外部环境如何，人们都会相信自己是自由的，是自己在控制局面，而不是被环境所控制。就像心理学家纽林格强调的那样："休闲感有且只有一个判据，那便是心之自由感。只要一种行为是自由的，无拘无束的，不受压抑的，那它就是休闲的。去休闲，意味着作为一个自由的主体，由自己的选择而投身于某一项活动之中。"尽管这种观点带有某种唯我论的味道，但在现实生活当中，确实存在这种情况。或者说，在一定时间内，我们可以自由支配选择的心理活动或状态。

2. 与休闲相关的其他概念

人类休闲由来已久，形成一个广为认可的休闲的概念似乎是不可能的。放下统一概念的问题不说，在休闲潜力日益增长的社会里，有必要重新认识游戏（play）、"爽"（flow）以及目的性休闲（serious leisure）等与休闲相关的其他概念，这将有助于我们对休闲进行更深刻的理解。

1）游戏

游戏，英文为play。西方学者将第一个游戏理论的创建归功于席勒，他认为游戏和美密切相关。他提出两种本能——感性本能与形式本能，结合起来产生了游戏的本能，它的目标是创造出一种生活形式，即美（Schiller，1793）。之后更多学者加入到游戏的研究行列中。早期理论从本能、遗传性获得和不同层次上的能量等方面阐述游戏。例如：人们之所以游戏，是因为人有了超出生存所必需的能量之外的能量；游戏的原因是人们需要从工作和其他非游戏性的能量消耗中解脱出来；游戏是对未来所需要的技能的一种培训等。有学者从"一般性"和"补偿性"的角度来解释游戏，他们主要谈论工作和其他义务劳动对休闲产生的影响："一般性"指将生活其他领域中的快乐体验带到游戏世界中来，"补偿性"则指在游戏中寻找其他生活领域中无法得到的快乐。其实游戏与工作的分类是很难界定的。

荷兰历史学家约翰·赫伊津哈于1938年从游戏的角度阐述了游戏与人的文化进化的相关性，他认为游戏是在特定时空范围内进行的一种自愿活动或消遣，遵循自愿接受但又有绝对约束力的规则，以自身为目的，伴有紧张感、喜悦感，并意识到它"不同"于"平常生活"。并据此提出了游戏的六个特征：自愿的行为、在"日常生活"之外、在时间和空间上是隔离的和有限的、无目的性/不正式但却包含有玩耍者的热情、有规则、促进了社会群体的形成。杰弗瑞·戈比于1999年提出，从本质上讲，游戏包含竞争、模仿、运气性游戏或者"头晕目眩"的追求。

2）"爽"

"爽"，英文为flow，有专家翻译为"畅"。心理学家奇克森特·米哈伊认为"爽"是一种以自身为目的的活动，是一种可以在"工作"或者"休闲"时产生的一种最佳体验，体验"爽"的能力使人能超越工作与休闲界限，不论是在工作还是休闲中都更能积极地去寻求最佳的心灵体验。我们依靠自身的技能水平，在一个有预定目标、规则约束以及预知结果的行为系统中应付与个人水平一致的挑战，就会产生"爽"这种感觉；并且在整个过程中，我们需要全神贯注地完全投入才能获得"爽"的体验。从"爽"的描述中我们可以看到什么是好的休闲，如爬山、打篮球、跳舞等主动的休闲。反之，看电视、看电影等被动的休闲体验并不具备"爽"的潜力，因为它们既不需要什么技能，也不会对人们提出挑战。

3）目的性休闲

罗伯特·斯特宾斯于1992年提出了"目的性休闲"的概念，即业余爱好者、嗜好者系统的追求或者人们认为非常有价值、有趣味而自愿参与的行为。人们将目的性休闲作为职业般来对待，从中获取或展示他们的特殊技巧、知识和体验。目的性休闲包括3个类型，即业余爱好、嗜好和自愿的行为。目的性休闲具有6个主要的特征：坚持不懈、具有阶段性、需要一定的知识或技巧、能带来持久的益处（如成就感、满足感等）、自我个性的体现、形成独特的社会气质或亚文化。根据一些学者的统计，目的性休闲大体上占据了人类休闲的30%。与目的性休闲相对的便是随意休闲（unserious leisure/casual leisure），是指那些能够较快得到回报的，不需特定训练和技巧的，相对短暂的、令人愉悦的行为。随意休闲包括游戏、放松（relax，静坐、打盹、闲逛等）、被动式娱乐（passive entertainment，看电视、读书、听广播等）、主动式娱乐（active entertainment，派对、运气类游戏等）、社交会谈（sociable conversation）、感观刺激（sensory conversation，吃、喝、性等）（Stebbins，2014）。亚普·林克提出了休闲和旅游体验的模式——"out-there-ness"，即消遣（amusement）、改变（change）、兴趣（interest）、自我展现（rapture）和投入（dedication）。

2.1.3 游憩

"游憩"，英文为recreation，有着较为特定的适用范围。游憩传统上被定义为与工作相对立的，在休闲时间所进行的各种活动，可以使人恢复体力和精力的行为。从"游憩"一词的英文构成也能略知一二——"recreation"一词中，"creation"是通过工作的"创造"，而"re"这个前缀则表达了"再""又""重新"的意思；两者连在一起则表达出"游憩"是为了"重新创造"，为了"再次工作"的含义。费尔切尔德在1944年认为游憩是在休闲的时间所做的任何事情，无论是一个人做，还是集体做，只要它能使人感到轻松、愉快，并且做这件事是为了这件事本身，而不是为了事情过后可能得到的报酬。换言之，游憩无论是从意义上，还是从功能上，都是依赖于工作而存在的；先有工作，而后有游憩，而后更多的工作。游憩被普遍认为是一件非严肃的事情，即取乐/娱乐（fun）和竞赛/游戏（game）。在西方，游憩有时还特指体育运动，例如在西方的"游憩中心"有时只包含体育活动和体育比赛。

霍维斯和瓦格纳认为游憩是那些具有与生俱来的游憩性活动，包括演娱、艺术和手工艺、舞蹈、戏剧、游戏和体育、业余爱好、音乐、户外活动、阅读、写作、谈话、社会娱乐、观演、特殊事件、志愿者服务等。事实上，游憩包含的范围极其广泛，任何活动都有可能在休闲的时间去做，并使我们感到愉快。因此，不能把游憩的定义局限在一系列的活动里。戈雷和戈里本认为游憩不仅仅是一系列的活动，而更应该是人们产生自我满足感和幸福舒适感的精神状态。这种对游憩的定义强调了活动带来的结果，而非活动本身。从上述被认为具有游憩性的活动里，我们并非总能获得良好的自我感觉。

2.1.4 旅游

1.旅游的概念

迄今为止，人们不能确定"旅游"源自何时，但在15世纪西欧宗教改革过程中，旅游促进了教育的世俗化，中产阶级从一些名人的经历中认识到旅行在增长知识和开阔眼界方面所起的作用。从16世纪开始，"大旅行"发端于英国，起初是欧洲贵族们接受教育的一种方式，所以也称为"贵族之旅"；后来外交家、商人和学者也纷纷效仿，旅游在17—18世纪一度盛行于欧洲，成为人们身份和地位的象征。"游历"（tour）一词已经获得了广泛的社会应用，从旅游史角度看，"大旅行"其意义不可低估。

谈起旅游，基于定义者的着眼点不同，对"旅游"的定义也就有所不同。过去一般采用艾斯特（AIEST）定义："旅游是非定居者的旅行和逗留而引起的各种现象和关系的总和。这些人不会导致长期定居，并且不从事任何赚钱的活动。"世界旅游组织（World Tourism Organization, UNWTO）对旅游下的定义是"人们为了休闲、商务和其他目的，离开惯常的居住环境，到某些地方停留，但连续不超过一年的活动"。显而易见，由于旅游是客观活动，社会科学又以各自的方法来研究它，要想界定什么是旅游并全面描述这一概念，就必须考虑从经济学、社会学、人类学等不同的视角认识旅游。

许多研究者会把旅游看作一种经济现象、一种产业，认为"旅游"是在休闲时间所从事的游憩活动的一部分，它是在一定的社会经济条件下产生的一种社会经济现象。商界人士将旅游看作一种盈利机会，即通过为旅游市场提供其所需要的商品和服务实现盈利。从社会学角度来考虑，旅游是在吸引和接待游客的过程中，游客、供应商、当地政府和社区之间相互关系和现象的和（Mcintosh，1995）。从供给和需求角度来看，布伦特·W.里奇于2002年提出旅游业是包括旅游者所需求的直接和间接的供给，商品和服务的一切行为活动的产业。人类学主要从3个方面来看待旅游：第一，出游目的。韦弗和奥珀曼将旅游看作为消遣而外出的旅行。旅游的主要特征是要离开原来的居住地或工作的地方，短暂前往一个目的地从事各种娱乐活动，在这个定义下，旅游者外出旅游的目的是多样的，如探亲访友、商务、朝觐、娱乐、购物等。孙克勤认为，旅游是人类自由、主动、积极的文化活动和高层次的生活方式。第二，旅行距离。美国国家旅游资源评定委员会和美国旅游业协会都在旅游者定义中提到：离家外出旅行50英里（1英里约等于1.6千米）以上的人。第三，逗留时间。最早的定义认为旅游是人们离开居住地至少24小时的行为。韦弗和奥珀曼也认为游客在旅游目的地要有过夜的逗留。

2. 旅游究竟是"学科"还是"领域"

西方对于旅游的研究最早开始于19世纪末，而后随着20世纪大众旅游的兴起，尤其是20世纪50年代开始，旅游研究进入快速发展阶段，逐渐构建了旅游理论的基本框架。国内对于旅游的研究起步较晚，受国外研究影响较大。过去多有学者将旅游看作一门学科，但近来更多的学者接受了旅游尚不能称为学科，而是一个领域的观点。赫斯特提出了判断学科的框架体系：首先，一个学科应具备相互关联的概念网络；其次，这些概念能构成一个逻辑体系；再次，能够使用学科特定的标准对知识进行验证；最后，学科应具备不可缩减的基本构成模块。由此可见，基于赫斯特所论述的成为学科的必需特征，旅游尚不能称为学科的原因有以下几点：首先，旅游研究存在许多平行的概念（如目的地、旅游影响、旅游附加值、旅游动机等）；其次，旅游概念并没有形成一个明显的网络，这些概念并没有通过一个合理的方式联系在一起，没有形成一个内聚的理论框架；再次，旅游并没有特定的学科标准对知识进行验证；最后，旅游尚不具备基本的构成模块，如旅游满意度仍是一个非常模糊的概念（Tribe，1997）。因此，按照赫斯特的标准，旅游尚不能称为"学科"，而只能是一个领域。主要原因是其缺乏一个内部的概念和统一的理论，同时还相当依赖于其他学科的辅助（Tribe，1997）。"学科"为解释外在世界提供了一个特定的工具，而"领域"则与之相反，是特定的现象和实践的集中，因此"领域"需要对众多"学科"进行研究（Tribe，1997）。

约翰·特赖布于1997年进一步提出了旅游所包含的两个领域——商业领域和非商业领域：K带是旅游概念和理论的精华区，是领域和学科之间相互影响的接触面，是创新旅游知识的区域，是产生新方法的区域；而最外围则是与旅游相关的学科，也就是旅游领域所依赖的学科，如图2.2所示。

此外，学术界还存在关于旅游是多学科（multidiscipline）、跨学科（interdiscipline）、交叉学科（transdiscipline）还是超学科（extradiscipline）的争论，这里就不再展开论述了。通过上面的论述，也就能够理解目前学术界对旅游的定义众说纷纭、各执一词的现象了。许多对于旅游的定义多是从一个或多个学科的角度出发来阐述旅游在该学科的含义，而没有或许也难以

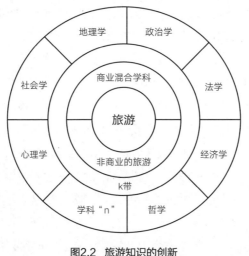

图2.2 旅游知识的创新

（资料来源：Tribe，1997）

形成一个综合的概念。尽管旅游是一个重要的研究领域，但它没有可能成为一个统一的研究领域。

2.2　休闲理论的中西方发展史

旅游是休闲的一个组成部分，是非常重要的休闲方式（谢元鲁，2007）。因此，在讨论旅游理论之前，有必要先对休闲理论的发展进行阐述。在当前对休闲的研究中，西方学者建立起了范式化、系统性、结构性的休闲理论和学科体系。相较于西方，国内对休闲的研究普遍是流于对个别"休闲"现象的解读和分析。故下文对休闲理论进行阐述及归纳时，主要采用西方学术界的分类体系与标准，并单独对我国休闲理论研究进行阐述说明。

休闲在欧洲已经存在了2000多年，它是一个古老和精英化的概念。工业化前的西方休闲主要分为古希腊时期（公元前800年—公元前146年）、古罗马时期（公元前753年—5世纪中期）、中世纪时期（5世纪后期—15世纪中期）、文艺复兴时期（14—16世纪）。古希腊时期是西方休闲理论的起源时期，亚里士多德是古希腊著名的哲学家之一，他被称为"休闲之父"。在古希腊时期，休闲被认为是一种理想和一种生活方式。休闲是属于精英"公民"阶层才有的权利，是高尚的、优于劳动的；而劳动是"低贱"的，劳动的人不在可以进行休闲的人的行列之中。在古罗马时期，统治阶级开始利用宗教及初始的法律管理国家，基督教得以兴起并快速发展。这一时期，古希腊那种无所事事的休闲被约束和遏制，劳动开始被重视起来，不再是低贱的奴隶才会做的事情。中世纪时期的休闲对于近现代的休闲产生了深远的影响。随着基督教成为欧洲主导的宗教，辛勤的劳动被重视、被歌颂，休闲活动主要表现为在劳动之余参加的各种宗教性质的礼拜和节日祭典，而古希腊时无所事事的休闲被严重的鄙视，被认为是"灵魂修炼的敌人"。在文艺复兴时期，随着个人享乐、自由平等等权利及新的雇佣关系、阶级的产生，人们重新定义了劳动、生产还有财富的分配方式，休闲的定义也随之有了新的变化——"个人生活的幸福是核心，每天生活不是为了下世的惩罚与赏赐"。

在以18世纪60年代工业革命为开端的工业社会时期，休闲随着有闲阶级和工人阶级的阶级分化区别为两种截然不同的方式，且呈现出标准化的特征。随着后工业化社会物质生活极大地丰富以及信息化、商业化的影响，休闲呈现出多元化和个性化，并真正成为人们生活中不可或缺的一部分。

2.2.1　古希腊时期

古希腊时期是西方休闲的起源时期，这一时期的休闲是放空思想、无所事事、回归自然的田园牧歌式。著名的古希腊哲学家，被誉为"休闲之父"的亚里士多德认为，"休闲是优于劳动的，而劳动是低贱的，劳动的人并不在可以进行休闲的人的行列之中"。在希腊语中，劳动的词汇是"ponos"，含有可悲的意思。古希腊时期的休闲是小部分的精英"公民"阶层才有权利享受。

在古希腊时期，"休闲"一词为"schole"，意思为休闲和教育活动。"schole"是英文"school"的原始含义，同时也是"祝酒歌"（skole）的意思，这也间接反映出古希腊哲学家在生活上的一些娱乐化的休闲情趣。而拉丁语"otium"则表示了休闲和闲逸的意思（楼嘉军，2001）。亚里士多德在《尼格马可伦理学》（*The Nicomachean Ethics*）及《政治学》（*The Politics of Aristotle*）中，把休闲誉为"一切事物环绕的中心"，并认为摆脱必然性是终身的事情，它不是远离工作或任何必需性实物的短暂间歇。人们也许可以利用这些间歇进行休养性的娱乐，在这些间歇中，人们可以休息或恢复体力以重新投入工作。但是，嬉戏娱乐并不是真正的愉快或幸福的源泉，它们与休闲毫不相干。休闲是终身的，而不是指一个短暂的期间。在古希腊时期，公民和奴隶是泾渭分明的两个社会阶级，公民享有包括选举、集会、辩论等在内的众多权利，而劳动是交由奴隶们完成的，占人口大多数的奴隶的义务是为整个公民社会提供尽可能多的生活必需品和物质财富，只有小部分的精英"公民"阶层才有权利和时间去从事艺术、科学、哲学思考、政府管理以及休闲活动。这种社会阶级分化以及环境，使亚里士多德自然而然地有了公民优越于奴隶的思想。

2.2.2　古罗马时期

与古希腊时期的休闲相比，古罗马时期的休闲延续着古希腊田园牧歌式的整体基调，且属于贵族阶层，但因为基督教的兴起以及土地的大规模扩张，劳动开始被重视起来，同时统治者对古希腊时期无所事事的休闲进行了一定的约束和遏制。在古罗马时期，休闲标志着自由者和有钱人的地位，他们生来不受命运驱使而必须劳作，休闲甚至被置于比道德、公民和政治的要求更为重要的位置（Lanquar，1989）。随着领土面积的扩大与管理人口的直线上升，当权者面临着和古希腊人截然不同的问题——管理一个横跨两个大陆的帝国可比管理一个临海城邦要困难得多。古罗马帝国的当权者采取了与古希腊时期自由民主放任截然不同的国家管理方式——他们开始利用宗教及初始的法律管理国家，并树立了国家对秩序的需要远远超越个人自由需要的思想，开始对古希腊时期无所事事的休闲进行约束和遏制。罗马人认为雅典人那种"美好而自由的生活"必定会释放出人类天性中的罪恶。

2.2.3　中世纪时期

与古希腊及古罗马时期不同，中世纪随着基督教逐渐成为西欧各国管理国家的主要宗教，劳动被赞扬和大肆提倡，而古希腊和古罗马时期的无所事事式的休闲被鄙视和不齿；以节庆、礼拜、祭典为主的休闲方式对于近现代的休闲产生了深远的影响与印记。随着基督教的兴起，众多派别的修道院延伸遍布到整个中世纪的欧洲。大部分基督教修道士主张辛勤劳动，发誓坚守清贫、纯洁、谦卑的信条教义，且都从事体力劳动。他们除了出于自给自足的目的之外，甚至提出"去劳动吧！振作起来！"的口号，提倡"劳动光荣"。他们对古希腊及古罗马时期那种放空思想、无所事事的休闲活动持反对意见，认为无所事事是灵魂修炼的敌人，这种生活理念在中世纪后的欧洲逐渐成为典范，甚至延续到了今天。中世纪时期，英文中休闲"leisure"和允准的词源来自拉丁语中的"licere"，意思是"应被允许"。"自由"和"休闲"是同义词。但这个词源还有另外一个意思，即放纵、对自由的滥用。中世纪时期的平民生活严重受到宗教的影响，整个社会充满了悲观主义、末日审判、黑暗沉默的气氛，人们终日为生活劳作奔波，所谓的休闲活动就是参加一些宗教团体举办的节日庆典活动。如果说这个时期还有延续古希腊和古罗马时期休闲方式的人群的话，就应该是骑士阶级了。他们在当时还保留有一定的贵族思想，拥有采邑和众多为之服务劳作的农民，使得他们有空间、时间及物质条件从事庆典仪式等一些浪漫田园式的休闲活动。

中世纪时期的休闲，对于近现代的休闲产生了深远的影响与印记。德国天主教哲学家、明斯特大学哲学人类学教授皮普尔出版了《休闲：文化的基础》（*Leisure: the Basis of Culture*）一书，它被誉为"西方休闲学研究的经典之作"。在这本书中，皮普尔提出了"没有宗教，文化就不可能产生，文化的真实存在依赖于休闲"。西方文化之所以是一种文化，完全是由于它有共同的宗教基础。在这个基础上，通过神圣的礼拜、节日和庆典，他将休闲与文化联系了起来。皮普尔在书中说到，休闲是一种思想或精神的态度，它不是空闲时间的结果，也不是游手好闲的产物。他对休闲特征的阐述有一条是"休闲是一种沉思式的庆典态度"，是人民肯定上帝的劳动和自己的劳动的需要。这是从一个有趣的角度对休闲和文化的解读，即休闲是一件礼物。很久以前，人们就在节庆的时候去做礼拜和祭祀神灵，假日（holiday）可以被看作通过劳动换来的自由时间，同时圣日（Holy Days）也被看作"上帝赐予的礼物"。公元前犹太教的安息日是为了感谢上帝从而停止日常的工作，只有自由和庆典结束之后，人们才会去劳动，所以安息日和休闲是联系在一起的。

2.2.4 文艺复兴及宗教改革时期

这一时期随着大航海时代的到来以及资本主义商业的繁荣，在中世纪拥有绝对地位的宗教传统被打破，个人享乐、自由平等等权利以及新的雇佣关系、阶级的产生，使人们重新定义了劳动、财富分配及休闲的方式。14世纪开始的文艺复兴运动，成果涉及艺术、文学、绘画、建筑等多个领域。同时，随着知识的传播和近代大学的出现，受教育的普通人逐渐增多，这对打破中世纪以来的宗教束缚起了重要的作用。新的世俗政权、新兴中产阶级和新出现的"财富"贵族不断对传统的教会势力进行冲击。热情洋溢、激情四射、彰显"人"独立存在的文艺复兴风气，也使整个欧洲社会产生了空虚、拜金、道德败坏的阴暗面，这也是导致宗教改革的原因之一。随着贸易和商业的不断扩大，尤其是哥伦布、达·伽马等人引领的大航海时代的到来，使新的技术和思想得以远播拓展。这时印刷术开始普及，书本印刷变得方便起来，人们不再像中世纪时期一样需要聆听神父和主教的讲解去理解《圣经》，而是有机会自己去阅读。并且随着文艺复兴中"人"的要素越来越重要，以人为本的人文主义观点逐渐占据主流，这时人们对生活有了新的认识和理解，那就是"个人生活的幸福是核心，每天生活不是为了下世的惩罚与赏赐"。掌握金钱和商业利益的中产阶级开始对财富有了更多的追求，产生了奢靡浪费、挥霍虚荣、贪婪骄傲的社会风气，至此，古希腊时期那种田园牧歌式的休闲被制约了（Mandeville，1997）。

2.2.5　工业社会时期

有闲阶级奢靡浪费、炫耀物质财富的休闲方式与工人阶级被迫劳动、无暇自主地选择自己的休闲方式是工业社会时期休闲的最大特征。以18世纪60年代发源于英格兰中部地区的工业革命为标志，人类文明进入工业社会，工业生产活动在一个国家或地区国民经济中开始占据主导地位。机器的发明及运用成了工业革命时代的标志，它创造了巨大的生产力，使社会面貌发生了翻天覆地的变化。在这一时期，资本主义和城市化、工业化的进程导致了越来越严重的社会分化现象，不同阶级的划分越发明显，最终明显分裂成为两大对立的阶级——工业资产阶级和工业无产阶级。工业资产阶级中有钢铁厂、矿厂、纺织厂的拥有者，以及农场主，这些人"想通过他们奢侈的娱乐行为来确立自己的社会领导地位"。

1. 有闲阶级的休闲

19世纪末期，有闲阶级崛起，有钱有闲的"暴发户"通过炫耀自己的财物和利用自己充裕的闲暇时间来显摆他们与工人阶级相比有很高的优越感，这成为当时铺张浪费时代的一个重要组成部分。1899年，美国著名经济学家、制度经济学的鼻祖凡勃仑在他的著作《有闲阶级论》(the Theory of the Leisure Class)一书中，将过着奢侈生活的新生工业资本家称为"有闲阶级"(the leisure class)。他提出，我们最终为了自身的经济保障用劳动创造了剩余物质。这种过剩造成了一个自私自利的新组织，出现了一些"以损害他人利益为前提来寻欢作乐的人……过度的消费使所有阶层的人以一种你超我赶的方式来寻求对物质财富的无聊炫耀"。他将这个时期的休闲定义为"时间的非生产性消费"。而时间之所以被非生产性消费，首先是建立在生产性劳动无意义这种感觉之上，其次是具有支配金钱能力与享受安逸生活的炫耀。这些拥有休闲的有闲阶级社会阶层通过对时间进行非生产性利用，进而取得了自己在社会中的某种地位。凡勃仑指出，休闲自古以来就是用来证明人的地位和声望的一种手段。在古代文化中，休闲是值得炫耀的，就像古希腊的那些哲学家以及公民所体现的，休闲在某种程度上表明了一个人可以不去从事不体面的劳动与工作。在他看来，在这种情况下，人们对时间的使用，要么体现出高贵的品质，要么体现出低下的品质，归根结底的原因就是，休闲如同商品一样能够成为财富的有效证明。在工业化时代的后期，消费主义逐渐成为资本主义社会生活的主流部分，不止有闲阶级，在社会的任何一个阶层中，不依赖商品和服务的休闲消费都是极其罕见的。

有的学者认为凡勃仑对有闲阶级的描绘过于夸张。大卫·理斯曼认为，有闲阶级在发展过程中内部也发生了一定的变化。例如，有闲阶级中的妇女就是现代艺术和政治运动的领导者，而慈善工作——无论是否为了出风头，也是有益处的；更有一些有闲阶级为后来城市化过程中公共文化、大众教育、城市改革等事业进行了支持。而且在工业化的后期，随着中等阶层的人也可以自由消费时，上等阶层的人的需求也会不断增加，而且这时他们炫耀的不再是消费更多的过剩物品，而是转而追求更精致的"个性"和品味特征。例如，展示自己的高贵气质，从而使他们显得既懂得如何出风头，又懂得如何更好地生活。

2. 工人阶级的休闲

一场工业革命不仅产生了拥有时间和金钱的少数有闲阶级，同时也出现了被迫劳动的工人阶级。这些工人阶级与有闲阶级正好相反：有闲阶级有着充裕的金钱和自由时间，但不知道如何利用它们；工人阶级长期被迫从事标准化、无止境的劳动，但却很少有公共的闲暇时间和可以自己选择的消遣方式。工人阶级不仅要出卖自己的劳动力和时间去被迫工作，还要被拖进"有闲阶级"的消费模式里。从1850年到1950年，工人阶级的每周劳动时间从70小时缩减到40小时，但每周增加的30小时的自由时间并没有转化为休闲（Goodale，1988）。在整个19世纪和20世纪初期，由于工人阶级过长的劳动时间以及城市化初期缺乏供大众休闲的公共设施，他们的休闲潜力反而被削减了。在工作日，工人阶级几乎没有什么休闲的时间；到了周末，可选择的消闲方式也很有限，他们只能去公共场所喝酒，去音乐会和舞会，也有人会去妓院，或者在一些街头游戏，甚至可能在大街上闲逛，但除此之外就没有别的活动了（Aleck，1988）。实际上，许多城市不能提供高雅的公共娱乐——几乎没有舞厅或剧院，没有供人散步的公园，没有博物馆或艺术馆，更没有开放的图书馆（Aleck，1988）。

后来，工人阶级通过成立工会、立法约束等为缩短工时进行的一系列斗争，以及工具的利用使得生产力及生产效率的进一步提高，使得工人的劳动时间减少了，而且工作环境和条件也得到一定的改善。这时工人阶级也逐渐有了一些购买力和更多的自由时间，足以使工人们模仿有闲阶级的生活方式，从而消费物质商品。于是，休闲的含义对他们来说也有了变化，即他们期望消费那些促进工业繁荣所必需的物质商品。也就是说，"工人阶级开始继承了被有闲阶级所抛弃的出风头的消费方式"（Riesman，1953）。他们要求劳动力的价格足以满足劳动者的购买要求，这时休闲开始登上了消费的舞台（Goodale，1988）。

随着工业化进程的发展，工作与休闲之间的差别越来越鲜明（法国在20世纪初期实行了8小时工作制），许多工人乐意接受对于工作和休闲上明确的划分。且现代工人已经可以通过出卖自己的自由时间去追求物质上的消遣和商业消费，他们开始追求休闲，并在其中改善自我的生活以及家庭的生活。随着生活的改善，参加有计划的、内容健康的娱乐活动逐渐取代了之前漫无目的、滥用自由闲暇时间的休闲方式。

工业化时代的初期，由于城市化还未大规模开始，没有足够的空间供爆发式的人口享受前人田园牧歌式的休闲生活方式，工业资产阶级也根本不在乎工人阶级在离开车间后的自由时间如何支配。伴随工业化的发展，城市开始为工人阶级提供一些选择有限的赌博、妓院、酒吧等物质及精神层面上相对低劣的休闲活动。随着工人阶级对自由时间及自身利益意识的重视，以及生产力的提高，使得他们不再是工业资产阶级的奴隶，有了物质及精神上的需要及物质基础（金钱、时间），能通过自己的实际参与和对个人兴趣与愿望的表达，去追求有闲阶级对物质消费的休闲方式。到了这个时期，不论是有闲阶级还是工人阶级，都开始关注起公园、娱乐、教育、运动、游戏、社区福利等新时期的公共休闲的内容。

2.2.6　后工业社会时期

随着生产力的不断发展，西方发达国家在20世纪40年代开始逐步迈入后工业社会，这一时期城市的中枢管理职能更加强化，城市消费者的要求更加多样化，信息技术和数据通信网络所构成的物质机制使休闲呈现出多元化和个性化的特征，并真正成为人们生活中不可或缺的一部分。

在后工业化发展进程中，带来的最大变化之一就是所有人都希望拥有更多的闲暇时间。随着像美国、加拿大这种工业化国家的不断产生，生活节奏的不断加快，时间在潜移默化中成了稀缺的一种商品，这时人们对休闲的认识又有了新的变化：更多的人提出他们不需要过多的闲暇与自由时间，而是希望通过劳动换取更多的物质商品。与古代先人们把哲学思考、诗歌创作以及政治辩论当作休闲的核心不同，现在的人们更注重如何"节约与消费"宝贵的自由时间，来加快更新休闲活动的速度。

随着可支配时间的增加，人们对休闲时间也做出了更加细致的划分。在历史上看来，休闲的含义是"宁静、平和及永恒，与物质主义和动态性的活动形成对照，但这些特征在现代已经消失，与现代意义上的休闲特征相反"（Goodale，1988）。现阶段的休闲是以高度自由时间为特征，用物质所带来的商品与服务进行消费。现在的休闲不要求人们停下手上的活动，而是希望人们在有限的自由时间内尽可能地做令人身心愉快的活动。相较于古人那种田园牧歌式的放空身心的休闲，现在的休闲本身穿插在了工作时间之间。

1. 信息时代的休闲

在这个时期，休闲与消费紧密联系在了一起，随着网上购物、网站会员、社交网站的兴起，消费逐渐成为花钱以及消费自由时间的模式。计算机提高了人们的工作效率，同时也意味着人们需要对越来越稀缺的时间做出精细的安排。因为生产力的再次飞升，可供消费的物质商品得到了大量的扩充，选择也更加的丰富，用来从事精神生活的自由时间与花费在娱乐方面的自由时间逐渐融合，人们对选择丰富的商品越来越感兴趣，但对单独的商品反而是无所谓的。事实上，消费已经成为众多人的主要选择，这些人既包括青少年又包括成年人，他们除了进商店、逛商业街以外，根本不知道在空闲时间做什么。如果没有夜生活和周末，娱乐业将会崩溃；如果没有假期，旅游业同样会衰落（Riesman，1965）。

2. 休闲走向全球化、商业化、标准化

随着冷战的结束，网络信息技术的快速发展以及交通方式的多样化、快捷化，国际文化互相影响，各种文化相互融合，休闲娱乐商业蓬勃上升，跨国旅游有了重大的发展。随着西方20世纪70年代开始的经济大发展以及我国20世纪80年代的改革开放经济腾飞，人们的生活逐渐形成了"工作—休闲—工作"的循环模式。在这样的模式中，休闲娱乐成为必需品。政府和商业机构都注意到了这一点，于是作为休闲空间的公共公园以及其他的娱乐行业越来越带有商业娱乐的特色，但也逐渐暴露了现有的公共公园和娱乐设施水平的不足，地方政府开始越来越重视开发和利用社会中的所有资源，为公民提供丰富的休闲机会。随着人们收入的显著提高，工作劳动时间的逐渐缩短，健全的法律、福利制度的制定，便捷的通信与交通工具的使用，都为人们的休闲活动带来了很大的选择余地。休闲不再是古代先人定义的"尽可能少地受到外界干扰的精神状态，而是人们在'休闲时间'时所进行的一系列活动"。例如，低价的火车及市内有轨电车使许多人在周末可以进行短途旅行；私家车的出现也使得许多年轻人可以在很早的时候就摆脱父母的约束，自由驾车兜风到任何地方。自驾旅游也成为户外娱乐最流行的形式之一。私家车的普及使得许多青年成了"旅行癖"（wanderlust），他们会围绕城镇到处漫无目的地转悠，试图到一个新的地方寻找一种新的生活。大多数旅游者追求的并不是真实性，而是从旅游中探索能让他们放松的内容，也就是被称为最具吸引力的"3S"旅游资源——阳光、海水、沙滩（sun, sea, sand）。不受束缚、自由自在、热爱旅游，用自己的意识去探索和体验，通过旅游的形式去寻找自我，逐渐成为主流文化的一个重要组成部分。最终，这些旅游者将"旅行癖"转化为了当今社会重要的一个产业——旅游业。围绕车站建造的公共娱乐公园同样可以吸引大量的家庭进行娱乐与休闲，人们可以从各地公园、景点的咨询处找到各种休闲娱乐项目，包括野营、跳舞等。越来越多的运动也不再是精英阶层的特权，而是逐渐普及到大众阶层。收音机、电

影、电视、私家车等的普及，也使人们获得休闲的机会变多了，变得更加随时随地了。

　　劳动工作和休闲娱乐成了一个闭合的无限循环。在20世纪30年代，北美地区已经开始实行双休日制，这在法律层面上也为人们的休闲娱乐提供了客观的保障。历史学家克罗斯认为，"在西方，尽管政府、老板和工会在和平岁月中致力于公众休闲活动，但休闲活动越来越个性化，越来越民主和商业化"。渐渐地，这些休闲活动变得越来越标准化，逐渐形成了标准的"休闲单元"，人们追求的不再是传统意义上"快乐、自由、个性、乐趣"等精神上的休闲，而是"旅游、打球、舞会、戏剧"等具体的休闲活动。休闲逐渐成为人们生活中不可或缺的一部分，成为人们相对自由的、放松欢乐的某些时段，或者是摆脱每天必然束缚自己的某一种固定的生活状态，成为展示个人价值的重要舞台。同时，劳动工作和休闲之间的界限也更加的模糊。工业时代伊始，工人的要求是为了更多的报酬和更少的工作时间，进而要求更为人道的工作环境，在逐步的变化中，一部分要求使工人们的休闲转换为了"娱乐"，而娱乐又被视为身体恢复和精神放松的再创造。

2.2.7　中国休闲文化的历史发展

　　《论语·先进》篇记载：子路、曾皙、冉有、公西华侍坐。子曰："以吾一日长乎尔，毋吾以也。居则曰：'不吾知也。'如或知尔，则何以哉？""点，尔何如？"曰："莫春者，春服既成，冠者五六人，童子六七人，浴乎沂，风乎舞雩，咏而归。"夫子喟然叹曰："吾与点也！"这篇文章的意思是子路、曾皙、冉有、公西华陪（孔子）坐着。孔子说："因为我年纪比你们大些，（人家）不用我了。（你们）平时（就）常说：'没有人了解我呀！'假如有人了解你们，那么（你们）打算做些什么事情呢？"（曾皙）说："暮春时节（天气和暖），春耕之事完毕。（我和）五六个成年人，六七个少年，到沂水里游泳，在舞雩台上吹风，唱着歌回家。"孔子长叹一声说："我赞同曾皙的想法呀！"从这篇古文中可以看出，曾皙提出希望过优游自得生活的休闲思想理念，得到了老师孔子的认同。可见早在春秋时期，孔子作为儒家先贤就阐述了他的休闲思想。《诗经》《楚辞》中也有对休闲活动的描述。到后来魏晋时期陶渊明《归田园居》中的田园休闲思想，唐宋时期李白、王维、柳永、苏轼等寄情山水之间的华丽辞藻，明中后期资本主义萌芽，民国初期对精致化和艺术化生活的追求，以及当代经济大发展时期不断发展丰富的大众休闲娱乐……各个时代的休闲都有其特征，同时也处处彰显着我国人民对休闲生活的向往和追求。

我国与休闲相关的学术研究是从20世纪80年代末开始的。由王雅林、董鸿扬主编的《闲暇社会学》一书在1992年出版发行，受当时社会时代影响，其理论思路主要借鉴东欧国家学界思想，对欧美的研究成果引述不多，但开启了现代我国研究休闲理论的先河。随后《休闲研究译丛》一书将欧美学者的研究成果进行了翻译，对国内进一步研究休闲产生了积极的影响。其后，《基础休闲学》《国内外休闲研究扫描》《谈休闲学研究中的若干概念》等一系列休闲研究的著作相继问世。同时，集中研究休闲旅游文化的专项领域也如雨后春笋般大量涌现。但和国外相比，我国休闲研究尚处于起步阶段，研究涉及面较窄，还未形成系统的、学科化的理论体系。

这里将按照古代农业社会阶段—近现代工业社会阶段—后工业化社会阶段的历史顺序，对国内的休闲发展历史进行梳理。

1. 古代农业社会阶段

除上文提到的先贤孔子表达的休闲思想外，《诗经》中记载了众多周代贵族的田园狩猎活动和娱乐游戏方式，以及贵族踏青、泛舟春游等休闲活动，是当时古代农业休闲思想的具体体现。《诗经》中的休闲诗类型多样，有户外休闲、闲游观赏类的，《郑风·溱洧》是这类诗篇的典型代表，"溱与洧，方涣涣兮。士与女，方秉蕳兮"就生动描述了在冰雪初融、春意初现的溱水与洧水岸边，青年男女在踏青中偶然相遇、相伴同游的场景。《郑风·有女同车》"有女同车，颜如舜华。将翱将翔，佩玉琼琚。彼美孟姜，洵美且都"描述了青年男女驾车飞驰在乡间小路上，或结伴同行于平坦大路，观赏路边的怡人风光，以获得休闲的娱乐体验。魏晋南北朝时期，门阀士族阶层崛起，标榜清谈、研究玄学、远离政治中心、寄情田园山水、遁隐山林、饮酒作乐的思想风气占据主流。唐代国力空前强大，宋代经济高速发展以及中外文化的融合交流，使古代休闲文化有了极大的发展。唐诗宋词中记载的山水景观、绘画作品中描写的生活情趣等内容，从各方面展示了从贵族名仕到平民百姓参加的休闲娱乐活动。随着明代中后期资本主义的萌芽，一批描写百姓市井生活的休闲文学作品相继问世。如《小窗幽记》《菜根谭》等，皆充满了闲情雅趣以及追求闲雅生活的美好理想。

2. 近现代工业社会阶段

进入近现代工业社会时期，中国也和西方国家相似，随着工业化和组织化使工作和休闲有了更为明确的区分，人民群众开始享有属于自己的休闲时间，但这时的休闲活动呈现出标准化的特征，休闲类型相对单一。人们的首要任务是工作，休闲只是工作间歇的附加产物，人们的思想趋向于"休闲是为了更好地工作"，由此人们更倾向于快节奏的、不占据太多时间的休闲文化活动。自清代晚期到民国初期，我国开始由农业社会向工业社会过渡。新中国成立初期，我国初步形成了独立的、比较完整的工业体系，生产力水平和工业化进程大幅增速，人民生活水平有了极大的提高，休闲活动以看样板戏、逛公园等相对单一的、标准化的方式构成。到了20世纪80年代末90年代初，随着改革开放的深入，我国人民的休闲开始向更丰富多彩的方式转变。随着博物馆、文化馆等政府主持的公共设施建立，广播电视的迅速普及以及各种商业性质的休闲娱乐场所的兴起，广大人民群众的日常休闲娱乐活动开始变得丰富多样。

3. 后工业化社会阶段

相较于工业社会时期的标准化，随着改革开放和物质生活的极大丰富，以及信息化、商业化的影响，广大人民群众的休闲呈现出多元化和个性化的特点。这一时期信息爆炸和互联网经济的快速发展，使数量庞大的商业化包装后的休闲产品被制造了出来，如何在有效的时间内高效的消费这些物质化的休闲产品，成为大众的关注重点。随着传统工人阶级的缩小以及以知识分子、专业技术人员等为主的中产阶级兴起，这时的休闲区别于工业社会时期从众的、统一范式化的休闲，表现出个性化、满足个人喜好要求的特征，休闲文化呈现出多元化和个性化，也真正成为人们生活中不可或缺的一部分。但商业、媒体潜移默化中诱导、控制了大众对休闲潮流的选择，不断刺激着大众选择各种消费型、快餐型的休闲消费活动。

2.3 旅游的新形式

2.3.1 旅游形式的转变

随着世界各国经济的增长、科技的发展和人民生活水平的不断提高，旅游活动已经从工业时代团队的、打包的形式转变成为后工业时代灵活的、个体的旅游形式。从工业时代开始，工业革命极大地促成了旅游形式巨大的变化，这种变化体现在17—18世纪只有少数特权阶层才能参加的遍游欧洲、寻求文化和教育的"大旅行"，在19世纪中期转变为包价团体的大众旅游。

从19世纪开始，工业革命带来了运输条件、生活环境、阶级关系、工作性质4个方面的变化。首先是交通条件和设施的变化。随着对蒸汽火车、蒸汽轮船的利用，运输条件展现出速度快、成本低、运量大、通达范围广的特点。其次，随着城市化加快，人们的观念和生活方式也悄然发生变化，在工业时代的压力下，旅游成为一种生活调节方式。再次，资本主义和城市化、工业化的快速推进导致了越来越严重的社会分化现象，不同阶级也划分得越发明显，最终分裂成了两大对立的阶级，即资产阶级和工人阶级。最后，资本主义制度确立，大批中产阶级出现，把旅游活动推向了高潮。同时，阶级关系的变化也随之给工人阶级带来了休假制度。

1841年，英国库克组织了540人乘火车去参加一次禁酒会，这是世界公认的大众旅游开始的标志。1855年库克首先发起去巴黎博览会的旅游活动，这是第一个现代旅行团。截至1864年，已经有100多万人接受过他的服务。从表2.1可以看到，工业时代旅游形式具有团体化、大众化、标准化的特点，同时会有专业人员全程陪同且具有规模空前的游客，这一时期的旅游活动拥有广泛的公众性。此外，追求"阳光、大海、沙滩"的海滨旅游也进一步发展了起来。然而，这一时期的旅游活动对社会、文化和环境并不具有负责任的态度。

表2.1 旅游形式的转变

旧形式	新形式
工业时代	后工业时代
大众	个体
团队的、打包的	灵活
阳光、大海、沙滩	旅行、徒步、自驾
不真实	真实
对社会、文化和环境不负责任	对社会、文化和环境负责任
现代	后现代

旅游活动是社会经济发展到一定水平的产物，随着社会经济的发展而发展。当社会进入后工业时代后，会形成对全球生产和消费的重组过程和质的改变的理解（Allen，1992）。工业时代是以20世纪黄金时期的主要的资本经济为特征。它证明了大规模的生产和消费是如何保障规模经济的。然而，在后工业时代，即许多评论家所指的现在的经济体制，是从大规模的生产和消费到更灵活的生产和组织系统的质的转变。后工业时代在消费口味迅速改变和小规模市场的形成中做了许多尝试性的改变。

旅游业作为"后工业现代性"的典范，这些改变在旅游业中的应用也得到了认可。拉希和厄里特别指出人们对于独立假日的需求和在旅游中对地区增加的环境规划和控制。他们同时还认识到在第三世界国家这些变化的重要性，他们说多样化的旅游在一些发展中国家的发展是后工业时代旅游的典范。这一时期，全球旅游活动逐渐表现为灵活的、个体的旅游形式，并以"旅行、徒步、自驾"（travelling、trekking、trucking）活动为代表，人们也逐渐表现出对社会、文化和环境负责任的旅游行为。

2.3.2 替代性旅游

在大众旅游阶段，随着旅游需求的增加，新的旅游产品不断涌现，欧洲传统滨海度假旅游已无法满足需求，为满足旅游者感官需求的专题旅游新产品和满足社会可持续发展需要的替代性旅游产品开发进入高峰阶段。

1. 大众旅游的增长

大众旅游指的是现代旅游活动开始形成的以有组织的团体包价旅游为代表的大众型旅游模式，并且形成广大民众中占支配地位的旅游形式。大众旅游的产生建立在两个基本前提：一是大众剩余的物质和闲暇时间的增加，二是产业革命带动科学技术的迅速发展赋予旅游业强大的开发能力。

2. 替代性旅游的兴起

20世纪60年代以后兴起的大众旅游和旅游的大发展带来了严重的社会、经济、环境和文化问题，西方的一些旅游学者和管理人员提出了一种被称作"替代性"的旅游活动。如果蜂拥而至的大众旅游能够避免，旅游所带来的变化导致的危害就会减少，旅游活动本身也会变得更有意义。同时，世界旅游需求市场出现了新特点，即人们外出旅游不仅仅是为了观光，而且还为了度假、开阔眼界，为了求知、求新、求异，为了健康，等等。在游客需求多元化背景下，世界现代旅游新产品的开发也蓬勃发展起来，最终导致了新形式旅游产品的出现。

新形式旅游产品开发的一个突出特点便是出现了替代性旅游产品，亦称后大众旅游产品。替代性旅游产品是相对于大众旅游而言的一组产品簇，它突出体现环境意识和小规模开发。替代性旅游是相较于传统大众旅游来定义的，又称"非大众性旅游""选择性旅游""另类旅游"，指人们为了追求新奇和个性的旅游体验，进行的相对小规模且追求旅游与当地经济、环境和文化和谐发展的新型旅游方式。韦弗和奥珀曼于2002年阐释了大众旅游和替代性旅游的特征和区别，如表2.2所示。

表2.2 大众旅游与替代性旅游的区别

特征	大众旅游	替代性旅游
市场细分标准	以心理因素为主	以求异、探新因素为中心
数量与模式	多；团队旅行	少；自助旅行
季节性	明显的淡、旺季	无明显的季节性
客源	一些优势客源市场	无优势客源市场
吸引物强调	高度商业化	适度的商业化
特色	普通的，做作的	特定的地区，真实的
定位	仅限于或主要	游客与社区居民
住宿设施规模	大规模	小规模
空间规模	集中于"旅游者区域"	分散于整个区域
密度	高密度	低密度
建筑风格	国际化风格，突出的，不和谐的	当地的风格，不突出的，补充的
所有权	非当地居民，大公司	当地居民，小型企业
经济状况	控制当地经济	补充已有的经济活动
关联性	主要与外部联系	主要与内容联系
经济漏损	广泛的	尽可能少的
多重效应	低	高
规则控制权	非本地的私人机构	当地社区
效力	很小；有利于私人机构	广泛的；尽量减少对当地的负面影响
意识形态	自由市场的力量	公共冲裁
强调	经济增长，利润；具体的部门	社区稳定与福利；综合的利益
时间结构	短期的	长期的

资料来源：Weaver &Oppermann，2002。

替代性旅游的形式包括生态旅游、自然旅游、科学旅游、社区旅游等，表2.3为我们展示了各种类型的替代性旅行，其中生态旅游是发展势头最好、最有前景的旅游产品。

表2.3　替代性旅游的类型

学术旅游	绿色旅游
冒险旅游	自然旅游
农业旅游	探险旅游
适度旅游	狩猎旅游
权威旅游	科学旅游
交往旅游	软性旅游
小屋旅游	可持续旅游
生态旅游	徒步旅游
环保旅游	汽车旅游
民俗旅游	荒野旅游

在旅游发展的初期，人们只注意到旅游的经济效益而忽视了种种环境问题和社会问题，于是从20世纪60年代开始，各个国家纷纷采取措施以解决环境问题，但收效甚微；而且环境问题打破区域、国家界限，演变为全球问题。人们总结生态环境与经济发展的关系，认识到两者是互相依存、互相影响的。而后提出"可持续性发展"理念，也就是与其他社会或环境目标相比较，更少注重经济方面成果的发展理念。人们从多方面来思考它，以"软的""绿色的""参与性的""人本主义的""非剥削的""负责任的"之类标语指代它，对发展道路的反思、探索在世界范围展开。

20世纪80年代后，可持续发展观念波及旅游领域。1992年联合国环境与发展大会在巴西召开，通过了《里约环境与发展宣言》《21世纪议程》《联合国气候变化框架公约》等，标志着世界各国在实行可持续发展战略上形成一致意见。1995年4月，联合国教科文组织、联合国环境规划署、世界旅游组织在西班牙召开的"旅游可持续发展世界会议"通过了《可持续旅游发展宪章》《可持续旅游发展行动计划》，为可持续旅游发展制定了一套行为准则和推广可持续旅游的具体操作程序，可持续旅游进入实践阶段。

2.3.3 全域旅游

2015年，国家旅游局在《关于开展"国家全域旅游示范区"创建工作的通知》中明确提出全域旅游的概念。全域旅游指在一定区域内，以旅游业为优势产业，通过对区域内经济社会资源尤其是旅游资源、相关产业、生态环境、公共服务、体制机制、政策法规、文明素质等进行全方位、系统化的优化提升，实现区域资源有机整合、产业融合发展、社会共建共享，以旅游业带动和促进经济社会协调发展的一种新的区域协调发展理念和模式。旅游业的发展依托已经从景点景区旅游转变为以"点—线—面"3个层次的全域旅游，既要依托城市和乡村，又要依托连接二者之间的通道，从而最终实现以"点—线—面"带动区域的全景化转变。

自改革开放以来，经过40多年的发展，我国的旅游形式已经从团队的大众旅游逐渐转变成为自助旅游和自驾旅游。我们可以看到，过去大众旅游需求爆发是由于旅游信息不通畅、交通条件不便，且团队旅游价格低廉，因此旅游者需要参团旅游。随着我国经济快速发展，高速铁路、高速公路、民用航空等现代交通基础设施的改善，以及现代移动互联网等信息技术的迅猛发展，加速了人们的生活方式、旅游方式的深刻变革，游客出游不再像以前那样由旅行社指定和安排怎么走、怎么游，而是由自己决定。

同时，个性化、灵活化的替代性旅游的出现，带来了丰富多样的旅游产品，满足了旅游者知识获得、文化感知、休闲娱乐等个性化、多样化的旅游需求。全域旅游以"旅游+"为抓手，成为旅游业发展的"新常态"，顺应了世界旅游新形势，是旅游可持续发展的必然选择。

第 **3** 章

文化和旅游理论的融合

通过前两章的梳理与阐述，我们已经对文化理论和旅游理论的发展研究有了一定的了解。文化理论与旅游理论两者之间存在何种关系，将是本章重点讨论的内容。

本章通过"文化是游戏的产物—休闲是文化的基础—旅游是文化的一部分—文化理论处于主导地位"4节内容，将文化与旅游的关系串联起来。第一节提出游戏早于文化，先于人类而存在；文化在最初阶段以游戏形态产生，即一开始就是在玩游戏，文化是在游戏氛围中演变的。第二节通过古代欧洲著名哲学家们对休闲一词的定义，以及被誉为"西方休闲学研究的经典之作"的《休闲：文化的基础》一书中对休闲与文化的阐述，论述"休闲是文化的基础"。第三节通过人类学之父的英国人类学家泰勒对文化定义涵盖的3个层面（涵盖物质文化与非物质文化、人类制度文化以及精神文化），推导出人的活动构成文化本身，旅游是人的活动之一，得出旅游是文化的一部分的结论。第四节论述了文化的范畴远大于旅游，且文化理论体系的完备程度远强于旅游。因此，文化理论将居于统领的地位，旅游理论只能在局部或细节上发生一定的作用。

3.1　文化是游戏的产物

游戏早于文化，事实上，游戏先于人类而存在（约翰·赫伊津哈，1996）。举例来说，文化是以人类社会的存在为前提，而动物则用不着等人来教就会自己玩游戏。因此，在文化本身存在之前，游戏就已是重要存在，它从初始阶段就伴随着文化，渗透进文化。

游戏是文化的基础，文化是游戏的产物。文化在最初阶段以游戏形态产生，即一开始就是在玩游戏，文化是在游戏氛围中演变的。在高等形态的群体游戏中，文化和游戏的联系尤为明显。这种形态的游戏主要是一帮群体或两帮对立群体的有序活动，独自游戏只能产生有限度的文化。赫伊津哈认为，从本质上看，文化是以游戏的形态出现的。游戏存在于文化的各个方面，包括法律、战争、哲学、知识、诗歌、艺术等。

游戏与文化彼此渗透交融。游戏与诸多社会文化现象的关系主要是游戏和神话、仪式、法律、战争、诗歌、知识、哲学、各种艺术门类的关系。在整个文化进程中，游戏元素产生了众多基本的社会生活形态。如游戏式竞赛、仪式、诗歌、音乐、舞蹈、表达智慧与哲学的词语、战争规则、高贵的生活习俗等都是在游戏模式中发展出来的。

赫伊津哈还发现旅游似乎具有游戏的每一个特征：在正常生活之外；受到时间和空间的限制；被一种神秘的氛围笼罩；绝对专注，甚至让人觉得有点虚幻；存在一些非常危险的事情；有不确定的结果；可能促进某一社会群体的形成。例如，如果把旅游解释为一种追求新奇的行为，那么新奇就是一个人决定是否旅行的关键性因素。因而我们可以看到，如果利用游戏的心理学理论来解释，旅游是因为个体天生拥有处理信息—接受刺激的本能需要。新奇和紧张的目标或环境驱使个体对目标和环境进行探索，了解它吸引人的地方，可见旅游被理解成游戏，或许可以利用游戏的特征来研究旅游问题。

3.2　休闲是文化的基础

3.2.1　亚里士多德："休闲"是"学习和教育的场所"

古希腊时期的柏拉图和亚里士多德等哲学家就多次论证休闲是他们最珍贵的哲学概念，更是高贵文化的根源和基础。亚里士多德在《形而上学》中对休闲的解释是：musse，即英文的leisure。这个词的词源是scola，德文翻译为suhule，指"学习和教育的场所"。在古希腊时期，这种场所被称为"休闲"，而不是我们熟知的"school"这个词。由此可见，古代哲人关于休闲与文化关系的思考是建立在"沉静下来思考"的基础上得来的，但这种沉静越来越被现代"工作至上"的观念所取代，人们变得整日忙碌而没有时间"沉静"下来去思考人生，并创造人生的意义。

3.2.2 "放空思考"式的休闲促进文化产生

古代人在劳动之余举办的节庆崇拜等文化活动是休闲的源头，休闲是带有节庆（文化）性质的一种活动，人们在这些空闲时间所做的思考促进了文化的产生。"节日庆典本身结合了'休憩、生命以及沉静思考等'"。节庆礼拜用的"神庙"（temple）在拉丁语中的词源是"切割"，表达了空间上独立的一个区域，这个区域是完全独立于农田或其他生产生活用地的，只是用来祭祀神明。这些节庆崇拜活动使人们有空闲的时间"沉静下来"去思考和观察事物，从而有机会拓宽眼界，丰富文化和生活的内涵。

放空思考也是思想的一种状态，与休闲产生关系。休闲是有空闲时间放空大脑去思考的"温床"，人类历史上许多文明与文化的推进都是在这种"放空思考"的不断累积下酝酿出来的。如果没有这种休闲时间所做的思考，人就会成为劳动工作的奴隶，眼界也不会拓宽，思想也就不会进步，文化也就不会诞生。柏拉图在他的诗中这样写道："众神为了怜悯人类——天生劳碌的种族，就赐给他们许多反复不断的节庆活动，借此消除他们的疲劳；众神赐给他们缪斯，以便他们在众神陪伴下恢复元气，恢复到人类原本的样子。"但休闲这种最初的源头与意义随着工作至上观念的流行而逐渐被现代人所忽视。

休闲的表现是"沉静下来去思考与观察"，是一种相对静态的、顺其自然的无为状态，属于比"劳动的生活"更高层次的生活；工作则完全与之相反，是一种全力投入的、动态活动的一种状态。换言之，休闲是一种精神上无法用语言表达的愉悦与放空、自由开放的状态，但如果想进入这种美妙的状态，人们就必须去"工作"。同时，节日庆典活动中的休闲也可以为工作所需体能与心灵得到恢复提供动力，"从工作中得到休息"在《圣经》中就有体现。由此形成了人们在节日庆典中沉静下来提高自己的精神境界，超越工作的束缚，得到身心的放松，以全新的姿态重新投入到忙碌的工作之中的一种循环。

休闲是一个非功利性质的，但符合人们生活规律的行为。休闲的起源是古代的节庆崇拜活动，在节庆活动中空闲沉静下来的思考又对文化的发展起到关键的作用。休闲离不开文化，文化离不开节庆崇拜。就如同柏拉图所说，"以节庆方式和众神沟通往来"。人们在休闲节庆中思考自我，产生文化，并存在于世界之中。

3.2.3　皮普尔《休闲：文化的基础》

被誉为"西方休闲学研究的经典之作"的《休闲：文化的基础》一书中明确提出休闲是人工作生活的最终目的，因为有了休闲，我们才有时间进行更多的思考，去追求平静的生活，从而创造更丰富的文化，并由此推导出"休闲是文化的基础"。休闲是一种人生哲学，是一种生活的观念。但休闲不是单纯的玩乐，更不是懒惰的代名词……我们要处在"沉静"的状态中去观看和倾听世界。人类文明是借由大多数人努力工作创造的，但人的存在意义不是为了工作，工作只是手段，休闲才是目的。有了休闲，我们才能实现更高层次的人生理想，才能创造更丰富完美的文化果实，因此，休闲是文化的基础。

3.3　旅游是文化的一部分

关于文化概念的界定，被称为人类学之父的英国人类学家泰勒是第一个在文化定义上具有重大影响的人。1871年，泰勒提出文化是"包括知识、信仰、艺术、法律、道德、风俗以及作为一个社会成员所获得的能力与习惯的复杂整体"，即文化是与社会生活中的人类所持有的状态相关联的东西，一种物质上、知识上和精神上的"整体"生活方式。文化的内涵和外延远大于旅游。旅游只是人们生活的一种现象，一种精神享受，所以旅游是文化这一"整体"生活方式中的一种，即旅游是文化的一部分。

泰勒的文化定义涵盖3个层面：一是涵盖物质文化与非物质文化，体现为基于人的活动在大地上的留存，从这个层面看，我国绝大部分文化均可作为旅游资源。故宫和秦陵兵马俑成为中国文化旅游的代表，直至今日仍然是中国旅游在世界上的典范。所以文化资源是吸引旅游者的重中之重，也成为各地旅游的重中之重。二是人类制度文化，其既是精神文化的产物，又是物质文化的工具，如民间传统和地域特色礼仪俗规等，本就是具有高度吸引力的文化旅游资源，而古今中外的行政管理和法律制度体系也为当代文化旅游部门管理提供了良好基础。三是精神文化，这是人类各种意识观念形态的集合，具有人类文化基因的继承性，并保持可以不断丰富完善的待完成性，为物质文化的发展提供内在动力，包括宗教、信仰等在内，都是不可或缺的旅游资源。

人的活动构成文化本身，旅游是人的活动之一，由此旅游是文化的一部分。泰勒认为，人具有生物性和文化性这两种属性。生物性的探索和文化性的感悟便构成旅游体验。任何自然旅游资源要转化为旅游产品，都必然引入人的活动，而人的活动就构成文化本身。通过旅游活动，更加广泛深入地感触物质文化和非物质文化资源，实现旅游的价值。

3.4 文化理论处于主导地位

游戏产生了文化，休闲是文化的基础；人的活动构成文化本身，休闲和旅游是人的活动之一，是文化的一部分；不同的休闲方式塑造了不同的地域文化，而不同的文化也影响着人们的休闲和旅游活动。文化与休闲的关系，或者说文化和旅游的关系，两者本身就是"鸡生蛋、蛋生鸡"似的相互影响，相互塑造，高度交织，高度融合。

就文化理论和旅游理论而言，由于文化是与社会生活中的人类所持有的状态相关联的东西，一种物质上、知识上和精神上的"整体"生活方式；旅游只是人们生活的一种现象，一种精神享受，所以旅游是文化这一"整体"生活方式中的一种。休闲是文化的基础，旅游是文化的一部分，文化的内涵和外延远大于旅游。这也使得对于文化的研究史不绝书，硕果累累，文化理论在近现代已然形成完整的体系。相较于文化理论研究，对于休闲的研究则难以引起全社会的广泛关注，休闲理论和旅游理论的研究也没有像文化理论那样形成科学的体系。由此，休闲理论，尤其是旅游理论，在文化理论面前就显得尤为弱势。

由于文化的范畴远大于旅游，且文化理论体系的完备程度远强于旅游，所以在我们尝试将文化理论和旅游理论进行文旅融合，并用以指导文旅融合规划的探索时就会发现文化理论将居于统领地位，旅游理论只能在细节上发生一定的作用。

方法论篇

第 ❹ 章

文旅融合的方法论

在文旅融合背景下，文化理论的应用和文化经济的激活已成为旅游产业突破发展"瓶颈"和创造旅游新吸引力的必然选择。本章通过引入符号理论与文化经济学的理论，以符号吸引理论为支撑，以文化经济学思想为突破，并深度结合文旅融合规划实践，构建了一套兼顾经济与文化可持续发展且具有普适性的文旅融合发展模式。文旅融合的方法论分为五大要点：第一，时代化重塑；第二，空间化再造；第三，神圣化聚焦；第四，产业化转化；第五，社会化复制，如图4.1所示。符号吸引理论由迪恩·麦格奈尔提出，用于系统性解释旅游资源的形成和发展。他将旅游资源的形成划分为5个连续不断的阶段，分别为命名阶段、取景和提升阶段、神圣化阶段、机械复制阶段、社会复制阶段。基于此5个阶段分析旅游系统中的旅游资源、旅游者以及信息传输中介是如何相互作用的，探索出提升旅游资源吸引力的路径，从而在规划层面帮助旅游资源实现由量变到质变，并逐步为旅游者所接受，成为旅游者所认可的旅游资源。文化经济学是一门建设中的新型交叉性学科，以马克思主义文化理论和政治经济学为研究的理论基础，引入文化研究、现代经济学、社会学以及历史地理学相关学科知识，构建出一个研究文化经济运动的基本规律、揭示文化经济对于现代社会进步和社会发展的作用和意义、丰富人们关于文化和经济的理论系统与政策系统、实行新的社会文化和国民经济

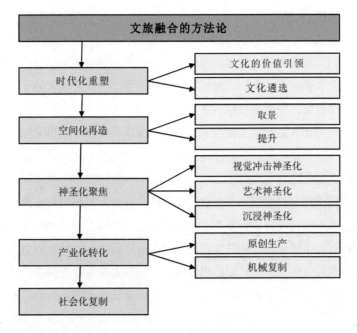

图4.1　方法论路径

发展模式的理论体系。文化经济学通过文化经济实现经济增长方式的转变和文化发展的经济性推进，成为文旅融合背景下协调旅游经济多样性和地方文化多样性的理论支撑。

　　符号吸引理论和文化经济学的引入，为文旅融合规划实践提供了创新思路。每个旅游目的地都有其自然和历史的发展过程，自然和历史文化交融下形成的地方个性和差异决定了旅游规划实践的综合性和复杂性。文旅融合规划中对地方性呈现的要求，促使文化品牌塑造成为旅游开发中的重点任务。如何筛选文化进行旅游形象定位、如何设计文化旅游产品、如何开发文创周边、如何平衡文化体验需求和旅游供给等问题，成为当下文旅融合规划实践中的新挑战。符号吸引理论将将旅游资源开发过程归纳为不同的阶段，将旅游资源的成功转化认定为各阶段综合作用的成果。在细化的不同环节中，前期通过加强对旅游资源地脉和文脉的挖掘，筛选代表性文化进行主题定位，以旅游资源神圣化促进核心吸引力的形成，根据旅游潜力市场及受众文化需求，在开发建设阶段进行文化生产；同时，加大机械复制力度，增强游客对旅游目的地的感知，最终完成文化资源的产业化转换和旅游资源的社会化复制，激活文化经济价值，全方位提升旅游知名度。

4.1　时代化重塑

在文旅融合背景下，文化的提炼与升华是实现旅游资源价值提升的重要路径；文化价值决定城市、乡村旅游产业的发展方向，是景区乃至城市的标签。中华传统文化在中华民族的悠久历史、灿烂文明中孕育而生，在人类文化演进历程中历久弥新。正是由于在时代发展中不断吸收优秀文化的智慧和养分，又与时俱进地进行创造性转化和创新性发展，中华传统文化才能在时代更迭中延续积淀。

时代化重塑是指经过对文化资源的归纳、筛选，提炼出最具代表性的核心文化，根据时代发展、产业要求、大众需求等，融合新时代特征和核心价值观后，与时俱进地进行传统文化的新时代价值重构，即对传统文化资源的现代化塑造和古为今用的重塑过程。时代化重塑主要划分为两个步骤，分别为文化的价值引领和文化遴选。

4.1.1　文化的价值引领

文化价值观承载着一个民族、一个国家的精神追求，把国家、社会和人民价值追求有机统一起来，集中体现了为人民谋幸福、为民族谋复兴的核心价值追求。文化价值观引领着国家和社会发展的基本方向，支撑着人民的精神追求，凝聚着人民的精神动力。

文化的价值引领作为文旅融合时代化重塑的路径之一，承载着将传统文化资源创造性转化、创新性发展的重要使命。在文旅融合发展中实现文化价值引领，需把握时代机遇与现实使命，在马克思主义文化理论指导和中国时政国策的引领下，进行传统文化资源的现代化提升，针对不同需求融入更多的人文关怀，创建更有生命活力的文化价值体系，从而创造新的旅游核心吸引力，带动文旅产业整体发展。

以《黄龙府文化规划》为例，规划对于源自岳飞"直抵黄龙府，与诸君痛饮耳"的黄龙府文化，在梳理了历朝历代文人墨客对黄龙府文化的传承和运用后，结合当下时代大势，提出了黄龙府文化就是民族复兴文化的价值引领的观点。自岳飞之后，陆游写有"檄书夜入黄龙府"；李清照写有"直入黄龙城"；元明清历代文人墨客皆有诸如"欲扫黄龙竟不能""载公直抵黄龙府"的诗作；清代林则徐写下了"黄龙未饮心徒赤，白马难遮血已红"；

孙中山先生著有"几时痛饮黄龙酒，横栏江流一奠公"；李大钊题诗"何当痛饮黄龙府，高筑神州风雨楼"……可见"黄龙府"成了仁人志士们表达情感的符号——在国家危亡之际，陈述复兴之志；在救亡图存之机，抒发爱国情怀；在外敌侵并之时，发扬尚武精神；在饱经磨难之境，挥洒进取热血。而这种情感，这种符号，在当今的时代背景下，就是民族复兴。文化的价值引领就是把传统的黄龙府文化古为今用，将其引申为民族复兴文化。

以《广西凭祥市班夫人文化规划》为例，班夫人的故事流传于广西左江流域，相传东汉建武十六年（40年）交趾郡征侧、征贰姐妹起兵叛汉，自立为王，一时岭南纷扰。为维护国家统一，汉光武帝拜马援为伏波将军，率兵南征。在马援征交趾的过程中，一个壮族女子捐粮饷援助马援平交趾，她就是班夫人。规划在班夫人这一民间故事的基础上，对正史和地方志中相关内容进行了梳理，发现班夫人的事迹仅见于明清时期的广西地方志，对其记载也未超出民间故事的范畴，且还在多处（如班夫人的籍贯，具体援助马援的行为是藏粟献粮还是以兵相助等）存在不同时期地方志的争议。规划透过这些简单且存在矛盾的地方志记载，认为班夫人故事的真实性有多少已无从考究，但它反映了民间社会对马援南征这段历史的记忆。马援将军被塑造成一个在边远蛮荒地区用军功护国安邦、用道德化育百姓的伟人，是中原正统文化的象征，马援南征带上了国家正统统治的色彩。随着历朝历代官方力量不断推动伏波信仰地方化，桂西南地方民众逐渐接受伏波将军为国家正统神灵身份，借由马援南征历史构建出地方百姓拥护国家统一、拥护国家军队、拥护民族团结的人物代表——班夫人，其形象便应运而生。规划将班夫人文化凝练成代表了祈福求愿、国家认同和民族团结三重含义的班夫人信仰。首先，班夫人供当地百姓祈福求愿。在左江流域，壮族百姓深信身为壮族儿女的班夫人时刻在庇护着自己，班夫人庙香火很盛。其次，班夫人代表国家认同。班夫人是边疆地方百姓勷助正统王朝、反对分裂的代表，这也让班夫人信仰带上了正统色彩。班夫人援助马援的事迹被百越人民所认同，最终成为一种集体历史记忆。这一点与冼夫人之于岭南有异曲同工之意。最后，班夫人象征民族团结。在国家认同的大主题下，班夫人带领百越人民援助中央政权的东汉王朝，谱写了一曲民族团结的赞歌。班夫人的事迹与马援南征紧紧联系在一起，表达了左江地区百姓拥护中央政权，汉越一家亲的民族情感。

将黄龙府文化引申为民族复兴文化，将班夫人文化升华为国家认同和民族团结，这都是文化价值引领的范例，也体现了对于传统文化"古为今用，以文化人"的"创造性转化和创新性发展"。

4.1.2 文化遴选

文化遴选是针对文化非常丰富的旅游地的文旅融合规划,需要先将多元的文化进行筛选或挖掘其内在逻辑,要么遴选出最具代表性的文化,要么归纳出形成表面诸多文化的内在逻辑,从而将繁多的文化精简为几个鲜明的主题,便于下一步的传播和记忆。

以《西藏自治区藏王墓景区规划》为例,规划从藏王墓景区众多的赞普中,以民族团结为核心,遴选出3位历史影响力大、知名度高的赞普进行重点展示。藏王墓景区位于西藏自治区山南市琼结县,是吐蕃王朝时期数十位赞普的墓葬群,已被列入世界遗产预备名录。藏王墓埋葬了众多的吐蕃赞普,固然是具有垄断性的文旅资源,但数目众多的赞普也让到访者难以记忆,不利于文化的传播。因此,规划结合民族团结主题、吐蕃丰功伟绩,以及陵墓本身的视觉辨识度和冲击力,从众多赞普中遴选出松赞干布、赤德祖赞和赤松德赞这3位历史影响力大、知名度高的赞普进行重点展示。松赞干布是吐蕃王朝的建立者,在位期间定都逻些(今拉萨),修建布达拉宫,迎娶文成公主,促进唐蕃友好,开创了艰难而又辉煌的吐蕃统一大业。赤德祖赞是吐蕃在位最久的统治者,他迎娶唐朝的金城公主,实现了与唐朝的首次会盟,并对外经略,奠定了吐蕃王朝走向鼎盛的基础。赤松德赞则是吐蕃王朝鼎盛时期的统治者,执政期间与唐蕃5次会盟,并修建桑耶寺。同时,从藏王墓群的视觉景观效果来看,赤德祖赞和赤松德赞陵墓地势高、面积大,松赞干布陵墓顶部有钟木赞拉康寺庙,3位赞普陵墓依山就势,视觉景观突出,辨识度高,是藏王墓大景区的标志性景观。由此,规划遴选出了这3位赞普作为藏王墓文旅融合发展的重点。

以《内蒙古准格尔文化园规划》为例,规划在准格尔旗丰富繁多的文化中,梳理出了形成准格尔多元文化的内在逻辑,并归纳形成四大主题,成为准格尔文化园的文旅融合发展核心。准格尔旗地区的历史能追溯至旧石器时期古人类"河套人"活动;上古时期有黄帝北逐荤粥的传说;商周时期有土方鬼方部落游牧;春秋战国时期晋文公攘戎狄,赵武灵王攻至榆中;秦汉时期,蒙恬、卫青掠取河南地,归附汉室的匈奴单于定王庭于此,准格尔旗经济实现历史上的首次繁荣;北朝时期,有北魏孝文帝在此推进汉化;隋唐时期，隋文帝在准格尔筑十二连城，隋炀帝北巡大宴举办于此，准格尔旗迎来了历史上经济的第二次高潮；蒙元时期，准格尔旗作为皇室封地，成吉思汗八白室之三供奉于此；明朝，中央政府弃套守墙，边墙内大开屯田；清朝，准格尔建旗，设札萨克王府，清中期经历了放垦与抗垦，清末走西口的人流途经此地；近代，马占山军驻防准格尔旗，刘治衡、郝永海等共产党员也在此有革命活动。在历史的长河中，准格尔旗形成了包括草原、军事、黄河、移民、边塞、红色、多元民族等丰富多元的文化类别。但过于丰富繁多的文化，反而不利于突出重点和记忆传播。因此，规划深度挖掘了准格尔旗之所以形成多元文化的底层逻辑，即地处阴山-黄河-草原所构成的河套地区的地脉、激烈的边塞战事和3次历史移民的文脉、鄂尔多斯部守护八白室的族脉，进而形成了准格尔文化园的自然地理、部落发展、战和交融和移民传奇的四大文化主题，并凝练出"草原风、蒙汉情"的核心文化主题。

藏王墓文化景区和内蒙古准格尔文化园的案例展示了在文旅融合发展中，文化遴选的先期重要工作。值得一提的是，这些文化的遴选和文化价值的引领无一不是以马克思主义文化理论为指导，从而实现传统文化的时代化重塑，实现古为今用的时代化转化。

4.2　空间化再造

空间化再造是文化时代化重塑后的落地阶段，是将无形文化转化为有形产业的必经之路。空间化再造，对照符号吸引理论可以包括"取景"和"提升"两个阶段。首先，通过取景来确定文旅资源的数量或文旅景区的范围。在符号吸引理论中，对文旅资源的"取景"是一个循序渐进的过程，通过扩张与保护来界定文旅景区的范围。具体流程则是在关注不同景区硬性要求和资源保护相关法律法规的前提下，确定可开发范围、可协调用地和重点保护范围，通过一定的方法和手段，界定可开发利用的旅游资源范围，而后在原始文旅资源的基础上，通过新建和扩建等使其范围不断扩大，并关注资源的维护以保证旅游资源范围的固定化。其次，实现文旅资源知名度的提升和文旅功能的完善。提升阶段包括文旅资源的创新开发和文旅景区的配套升级：通过适度对外开放将以往封闭的文旅资源展示在游客眼前，以互动体验传递文化旅游精髓；通过重要人物或产业的融入，提升景区的价值，为景区创造特殊吸引力；通过保护和完善景区文化和旅游资源，努力完成各类历史文化遗产的价值认证，以更权威的评价定义景区；通过旅游配套服务设施的完善，提高游客体验感和旅游舒适度，从而强化游客对景区资源的认知和记忆。

以比利时滑铁卢景区的空间化再造为例。滑铁卢位于比利时首都布鲁塞尔以南20多千米处，早年只是一个小村落，18世纪末发展成一个小镇，200多年前，滑铁卢战役就发生在此。在滑铁卢战役之后，普鲁士人和英国人怀着朝圣的心情纷纷到访滑铁卢。当地民众在逐步发展滑铁卢旅游的过程中，确定了联军指挥部、法军司令部和战役发生地的"取景"。并在战役发生地人为建设了一座铁狮山，山顶矗立着一座用缴获拿破仑军队的大炮熔化后而制成的铁狮子，铁狮头雄视法国的方向。铁狮山成了滑铁卢的标志性景观，它的建设也完成了"提升"的过程。铁狮像周围进而形成了古战场遗址、铁狮山地标、纪念馆、游客中心等核心游览区。通过滑铁卢的空间化再造，构筑了滑铁卢景区的范围和游线。景区的取景从滑铁卢联军指挥部开始，延伸向铁狮山核心景区，在游览达到高潮后，再将法军司令部和古战场遗址作为延展景区，以"滑铁卢1815"景观公路串联整个景区，形成了一个完整的、有情绪起伏的游览轴线。

以《陕西乾陵旅游规划》为例，规划在乾陵文物保护区范围之外结合乾县县城建设文旅小镇，不仅解决了文物保护和文旅利用之间的矛盾，而且重塑了符合历史传统的参观序列。乾陵是唐高宗李治与武则天的合葬墓，是全国第一批重点文物保护单位。文保范围内的文旅利用受到严格的限制，这也成为乾陵文旅融合发展必须要面对的问题。规划提出"陵城双核"模式，即在"陵"的文物保护区范围内，严格按照国家相关规定进行文物保护，以文物和遗址保护展示为主要功能；将文保范围外的乾县古城纳入乾陵大景区的范围，设立乾陵文旅融合发展区，围绕乾县古城（奉天古城）这一历史上的守陵城，进行一系列的文旅融合项目建设；并形成以乾县古城为游览的起点，经过神道、下宫、双乳峰到主陵，之后再游览陪葬陵，最终又回到乾县古城的全新的游览序列。经过乾陵大景区的空间化再造，不仅解决了文物保护和文旅发展的问题，也恢复了从守陵城沿着神道游览的传统游览序列，避免了当前主入口设在双乳峰和主陵之间的尴尬局面。

空间化再造是对文旅资源的"取景"和"提升"的过程，是决定哪些资源纳入景区范围，如何塑造游览序列的过程。它对于文旅融合发展起着关键的落地建设的作用。

4.3　神圣化聚焦

在现代语境下，神圣化是依据美学观念，运用寓意解读的方法，赋予文化更崇高的意义，而文化要素神圣化是物质与精神文化的神圣化，是文旅资源依托自然形态特征或社会历史活动进行神圣化。文旅资源类型不同，神圣化过程也大不相同。对于自然类旅游资源，其神圣化过程通常由自然因素或形态学上的因素决定；对于文化遗产类旅游资源，其神圣化过程则与景点相关的社会历史活动密切相关，也就是放大旅游资源中与"人"或"事"相关的因素。文化要素神圣化是通过提炼习俗、艺术、宗教、法律、制度等深层次的内涵，将文化资源进行艺术化创造、夸张处理，为文旅资源"镀金"，让历史与时代响应，为旅游资源赋予更深刻的精神内涵。神圣化是文化升华呈现的必经之路，是"文化要素化—要素神圣化"的过程。依托文旅资源所特有的某些物理因素和形态学特征促进文旅资源神圣化，以标志性景观塑造提升文化认同，从而促进文旅资源价值品位不断提升。

4.2节中提到的滑铁卢铁狮山便是典型的"神圣化"的案例。铁狮山建于1824年，是具有代表性的神圣化标志景观。它是一座人造山丘，是为纪念战役时受伤的比荷军指挥官奥伦治王子而建的人工高冢。从冢底到冢顶总共有226阶梯，50米高的山峰相传由当地妇女用背篓从2千米外的地方背土垒成。人造山丘的峰顶上有一头4.45米高的雄狮，它的前爪紧紧地抓住一只象征着世界的铁球，两只眼睛紧盯南方的法兰西，形象威严肃杀。这头雄狮由缴获的拿破仑军队的枪炮熔铸而成，重达18吨，打造它是为纪念欧洲联军的胜利。铁狮下印刻着"1815·6·18"的字样，是在提醒人们战争发生的时间。滑铁卢在战场遗址打造铁狮山，与地面形成反差的山丘和威严的铁狮像形成了强大的视觉冲击效果，铁狮山因此成为景区地标性景观和游客必到的朝圣地。铁狮山的设计是将滑铁卢文化要素神圣化的过程，山丘和铁狮成了战争的象征符号，景观组合也蕴含着伟大和神圣意味，最终使铁狮山成为来到滑铁卢的旅游者必来朝圣的标志景观。

随着时代的发展，文化要素神圣化的方式在不断进阶，从传统的具有视觉冲击力的景观神圣化，逐渐迎合时代热点文旅消费需求，实现向艺术化、体验性的转型，多元形态结合、全方位融入旅游消费场景之中。当前，文旅融合发展中的文化要素神圣化可划分为3种类型，分别为视觉冲击神圣化、艺术神圣化和沉浸神圣化。

视觉冲击神圣化是将文化要素与具有视觉冲击力的标志性景观相融合的方法，通过将提炼出的核心文化建设成为具有视觉震撼效果的地标性景观来加强游客记忆。标志性景观是位于特定区域、场所中位置和形象都很突出的景观建筑，它自身具有极强的公共性，代表着区域内的文化特色，并对周围一定范围内的环境、人都具有辐射和控制作用。传统上在文旅融合发展中，这种视觉冲击的景观神圣化更多的是通过巨大雕塑的形式来体现。例如，滑铁卢的铁狮山、里约热内卢的高710米的耶稣像（位于山顶）、海南三亚南山的108米高的观音圣像等都是极具文化特色的视觉冲击的神圣化。

艺术神圣化则是通过美术和艺术的形式，使文化艺术"惊艳"地出现在你身边，以潜移默化的方式在游客心中塑造地方文化记忆。文化艺术神圣化避免了传统巨大雕塑视觉冲击神圣化的"简单粗暴"，更多地是以一种"润物细无声"的方式体现景区的文化内涵，所融入的场景中更多体现着深厚情感价值和高度精神价值，展现了某一区域的地方文化和人们的生活方式。例如，日本濑户内海通过在各个小岛上建设诸如丰岛美术馆等艺术建筑、展示艺术雕塑作品、举办三年一度的濑户内海艺术祭等，将工业化后没落荒废的海域变成艺术爱好者的朝圣地；美国迈阿密海滨街区有的酒店通过形似吉他的外观造型打造音乐风，有的酒店主打巴洛克艺术风，加上海滨街区无处不在的艺术建筑、停车场、景观小品，整体营造出了文化艺术化的氛围；秦皇岛阿那亚通过孤独图书馆等艺术建筑和艺术社区，一度成了网红打卡地；景德镇陶溪川文创街区通过对厂房的艺术化改造，并吸引新一代制陶瓷的年轻人开店创业，从一个20世纪中后期没落的宇宙陶瓷厂，变成了融传统、时尚和艺术于一体的网红艺术街区，成为文旅融合创新发展的新样本。

沉浸神圣化是充分利用现代技术，实现场景与人互动体验的神圣化方式。它将文化要素融于旅游景区中，并创造游客与文旅资源互动的机会，从感官体验、认知体验中传递文化内涵，展示文化价值。沉浸神圣化与"点"状的视觉冲击神圣化和艺术神圣化不同，后两者更多的是以单点的雕塑或建筑的形式存在，而沉浸神圣化则是强调将整个场景实现全景式全方位的文旅重塑，让到访者双目所至、感观所及全是跟日常生活截然不同的场景，有一种置身另一个世界的即时全景体验感。这种沉浸神圣化，既有传统的如迪士尼乐园、环球影城、杭州宋城、开封清明上河园、西安大唐芙蓉园等，也有近些年如四川大邑安仁古镇的全景式剧本杀、浙江嘉善西塘古镇的Cosplay文化节、山西平遥的"又见平遥"场景式演出等。

4.4　产业化转化

　　文旅融合的产业化转化是将无形文化创意融入旅游产业发展中，进行原创生产与机械复制的行为，是在确定景区文化定位、核心吸引力之后，提升传播力和拓展消费的阶段。产业化转化注重文化经济价值的开发，它促进了文化资源的产业化转型，将有形、无形的文化资源向旅游产业靠近，推进了文化产业与旅游产业共同发展，并通过多种途径的传播，在保证较低成本的前提下，形成规模化文旅传播形式。文旅融合的产业化转化可划分为文化的原创生产和机械复制。

　　原创生产是指对文旅景区内文旅资源的艺术化加工和地域社会观念形态的生产，以文化创意提高旅游产品和服务附加值，为文旅景区所在地域的人文风情设计可传播的形态。通过对旅游资源进行文化价值开发，实现旅游消费人群的拓展；针对不同人群的文化旅游消费偏好，将文旅资源进行艺术化设计，以全新的形象呈现在不同游客面前。

　　机械复制是将原创文化旅游产品进行制作加工，复制转化为社会产品的过程，它通过多种途径对原创文化进行传播，在提高知名度的同时也大大拓展了文旅消费。机械复制包括以印刷品、照片、图像纪念等传统形式的社会传播，以及文创产品、创新文案、互联网宣传、视频传播等现代形式的影响力扩张。丰富的传播手段使旅游者更容易对景区产生认可，从而产生强烈的旅游欲望，旅游景点的形象在此过程中被强化，旅游资源的知名度和传播力也随之提升。

　　产业化转化是文化再生产的过程。首先，通过回顾文化背景、挖掘文化故事界定文化核心；其次，通过创新设计将文化资源转变为旅游产业中可消费的产品与服务，进行有规模的文化生产，促进文化资源与旅游多元场景的融合；最后，将文化产品与服务融入旅游消费，以文化带动旅游相关产业发展，扩大游客在景区的消费。

　　产业化转化的目的是以文化作为拉动旅游消费的全新引擎，以文化创意激活景区游客的二次消费，从而提升旅游经济。当前，文化产业化在旅游产业中的应用体现在"吃、住、行、游、购、娱"六要素中。

　　吃，即文创食品和餐饮。文创食品具有低成本、可复制的特征，既可以根据不同景区文化特色定制而成，具有一定的独占性，其根本创意又容易被大范围采用、复制，是提升景区吸引力和促进游客消费的方法之一。文创食品兼具使用性、功能性和象征性。文旅景区只需根据自身文化内涵和文化特质进行文创食品设计，便可以通过文创食品提升旅游消费，甚至拉动相关产业发展。从圆明园的荷花雪糕带动文创雪糕产业开始，文创食品的类型逐渐丰富，既有甘肃博物馆将文物元素融入咖啡的铜奔马拉花咖啡，也有国家博物馆将文化、高科技融合的语音导览棒棒糖，文创食品不仅仅是具有高颜值的旅游周边，也开始拥有一定的社交属性。

住，即特色文化民宿与主题酒店。随着旅游消费升级，游客对于住宿体验的关注逐渐加深，游客更加偏爱特色文化民宿和主题酒店。优秀民宿所开辟的全新形态也被诸多景区纷纷效仿，成为可复制的民宿升级模式。莫干山和阿那亚是文化民宿的代表案例。莫干山抓住了高端消费群体"逆城市化"生活方式商机，将农舍与当地自然、人文环境融为一体，通过旧物利用和空间设计，将老旧房屋改造为既有设计美感又保留了乡土元素的精品民宿，满足中高端人群的休闲度假需求。精品民宿的建立，让空置遗弃的破败老宅重新焕发生机。阿那亚通过构建由多种住宅产品组合而成的美好社区，提供了一个很好的民宿集群典型案例，听海别墅户户面海，实现了海景资源的最大化利用，突出温馨自在、平易近人、适于交流、回归本真的生活氛围。阿那亚小院纯粹素净，以四合院为原型设计空间格局，适合与亲人朋友围坐交流，小院外宽宽窄窄的街巷，回归的是人们骨子里的乡愁。不同类型的民宿营造不同的生活氛围，为游客提供了多样的度假体验。迪士尼乐园酒店和环球影城大酒店是精品主题酒店的代表。上海迪士尼乐园酒店结合了迪士尼故事进行主题设计，从装饰、墙面、窗帘到家具，到处都呈现着迪士尼的奇思妙想，从到达酒店门廊开始，便开启了迪士尼故事的讲述，酒店内置迪士尼经典动画中角色雕塑。环球影城大酒店打造了好莱坞电影风格的主题住宿环境，游客既可以感受经典好莱坞黄金时代氛围，又能感受现代化住宿体验。迪士尼乐园酒店和环球影城大酒店的运营模式为游乐园配套主题酒店带来可参考和可复制的样例，作为景区的配套设施，以相同文化主题对到访游客进行了景区独特记忆的强化，实现了文化IP的产业化拓展。

行，即地域特色交通工具。文化产业化转化已不仅仅局限于融入文旅景区内部及周边产品、服务，也拓展至地域内日常活动中。交通工具作为日常出行的普遍选择，文化IP的融入为外地游客及当地居民营造了极佳的沉浸式体验环境，从而更加主动、深刻地感知核心文化。日常出行中的文化产业化转化以更便于人们接纳的方式频繁出现在公众视野中，既为日常交通出行带来了创新主题，又以潜移默化的方式诉说着文化特色。典型的地域特色交通工具以日本新干线为代表。2015年，为庆祝山阳新干线全线开通40周年和"新世界福音战士"播放20周年，新干线开启了"新世纪福音战士"主题车厢，人们不仅可以欣赏动漫主题内容，还可以观看展览区"新干线×新世纪福音战士展板""摄影区""立体模型"及"驾驶舱一比一实物模型乘坐体验区"，更有出售纪念旅行商品、纪念品等活动。除此之外，中国四川航空的"熊猫客机"、荷兰鹿特丹的水上Taxi和美国纽约的黄色出租车，也发展成为极具地域代表性的文化符号，这种低成本却具有新鲜感的结合方式，大大提升了地方文化的吸引力。

游，即乘坐景区内游览交通工具的二次消费。景区内的特色游玩项目是旅游消费的重要组成，也是传播景区文化主题的方式之一。不同景区设置的索道、观光电梯、缆车、电瓶车、创意小火车等多种选择的游玩体验，为不同受众提供了多样选择。文化创意的融入增强了游玩项目的趣味性，也拓展了景区项目的宣传功能。具有设计感、文化特色的元素融入电瓶车、索道、观光电梯中，对于游客而言更具有吸引力，更容易激发景区游客的二次消费欲望。如瑞士少女峰的上山小火车、青岛的冒险鸭水陆两栖船、重庆武隆的天坑电梯等。

购，即文创商品。它是文旅景区进行文化产业化转化最基本和最能广泛复制的形态。文创商品通过创意手段对文化资源、旅游周边用品进行改造升级，通过文旅景区IP的开发应用，生产出高附加值的旅游周边，为游客提供消费选择。文创商品在完成创意设计后可以以较低成本、较大规模进行生产，最终投放在景区礼品商店中。对于到访游客而言，文创商品拥有纪念和社交双重功能，具有旅游景区特色的文创产品是旅行的见证；对于未到访景区的文创商品获得者而言，特色文创商品将景区文化和旅游资源以有形形态传递给未到访景区的人们手中，是提升景区吸引力的有效手段。

娱，即文化演出。文化演出是当下较为受欢迎的文化活动，它以极具震撼性的视听冲击给游客极其深刻的游玩体验。它可以是长期的驻唱演出，可以是在休闲时段为游客提供的特色演艺活动，或者是以视听形式展示旅游城市或景区特色文化。随着《印象刘三姐》《宋城千古情》《乐动敦煌》等大型旅游演艺的火爆，文化演艺逐渐形成规模，演艺地点也不再局限于景区内，开始出现地域性的文娱演出、以演出为核心的主题公园等。文化演艺的产业化转化带动了周边的旅游休闲综合配套服务发展，实现了文旅产业链的延伸。自然景观和人文景观与文艺演出的结合，通过光影的渲染给人以视觉冲击，从而加深人们对旅游目的地的印象，剧情创作和创新故事更为文化增添神秘色彩和趣味性。文化演艺所构建的观赏性强的历史文明的话语体系，给予了冰冷景区更具有人情味儿的宣传推广。

4.5　社会化复制

社会化复制指文旅资源周边的地区、街道、建筑或机构开始以景区的名字命名的过程，这也是文化和旅游资源融合的最终阶段。随着文旅景区知名度不断提高，它的名称被所在地区广泛采用，地铁、公交、商铺等周边生活业态逐渐以之命名，景区名字逐渐成为社会生活的重要组成部分，最终实现了文旅市场主体与文旅景区名称的互动、文化的全面传播与传承。

社会化复制是循序渐进且经历时间积累的漫长过程，在文旅景区的发展壮大中，由于景区在区域内影响力的扩大，周边道路、商铺、车站、胡同、市场等受此影响纷纷更名，形成了以文旅景区为核心的城市空间展示序列，并最终融于日常生活实践中。经过社会化复制阶段，景区完全突破了原来的空间限制，开始以更自由、更自然的方式对外传播和传承，而且人们在主题明确的空间中潜移默化地形成文化传承意识。当前，社会化复制在国内外诸多旅游资源开发建设中都得以广泛应用。

滑铁卢景区在国家、市政府的策划推动下，通过对酒吧、桥梁、产品、博物馆、道路、学院、地铁线、火车站等社会上机构、设施的广泛命名，不断强化了"滑铁卢"概念在大众心中的地位。随着滑铁卢景区影响力的扩大和周边空间展示序列的出现，"滑铁卢"逐渐成为失败的代名词，成为具有象征意义的文化符号。

社会化复制阶段中，文化以旅游产业为载体，旅游产业以特色文化为升级契机，二者相互作用，带来旅游景区区域影响力持续扩大。当文旅景区产生一定的社会影响力后，周边的地区或机构开始以文旅景区相关的名字命名，文旅资源名称被所在地区广泛采用，进而成为区域内社会生活的重要组成部分，无形中扩大了文旅景区的知名度，在促进旅游对外宣传的同时，也实现了文化的传承与发展。

方法篇

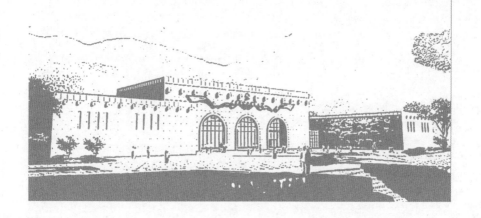

第 **5** 章

化繁为简法——复杂文化与旅游融合规划

　　化繁为简法是通过对多元文化的系统梳理，或向下探寻其为什么形成如此繁多文化的普世演化逻辑，或向上找寻更高层次的广为认可的宏观认知，从而将难以记忆的、烦冗多元的文化简化成具有较高逻辑性的几个简单文化或更高层面的宏观文化品牌，进而有助于下一步的文旅融合规划能够集中主题、有的放矢。

　　例如，在"内蒙古准格尔文化园规划"中，准格尔旗拥有草原文化、边塞文化、黄河文化、移民文化、军事文化、多元民族文化等丰富多元的文化，这使得在园区的文旅融合规划和建设中有些无从下手，不知道该以哪种文化为重点进行文旅项目的建设。规划通过化繁为简法，向下深层次研究明确了准格尔旗之所以形成如此丰富多元的文化的内在逻辑，即其身处河套地区的地脉、边塞战事和移民运动的文脉和蒙古族鄂尔多斯部的族脉这三大核心文化脉络，从而确定了地脉、文脉和族脉三大核心文旅主题项目。再如，在"浙江兰溪三江六岸景区规划"中，规划将当地的钱塘商贾、浙东诗路、衣被江南、良相名医、李渔故里等多元文化，通过深入的历史文献研究，找寻到宋徽宗对于兰溪市高度凝练的一句赞赏之词"天下江南"，从而以此作为兰溪三江六岸景区的整体文旅品牌，统筹其诸多文化。

以下将以"内蒙古准格尔文化园规划"和"浙江兰溪三江六岸景区规划"实践为例，展示化繁为简法的具体应用。

5.1　内蒙古准格尔文化园规划

准格尔文化园位于内蒙古自治区鄂尔多斯市准格尔旗大路新区，从旧石器时期延续至今，形成了军事、草原、中原、移民、黄河等多种文化，如图5.1所示。针对繁多的文化，规划梳理出了形成准格尔多元文化的内在逻辑，即"黄河之套"地脉文化、蒙古族文化、民族融合文化（战和交融、移民文化），作为准格尔文化园文旅融合发展的核心主题。

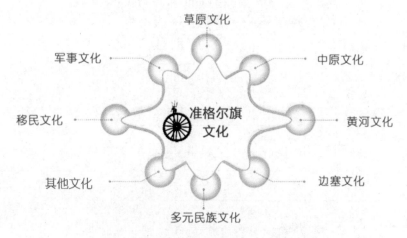

图5.1　内蒙古准格尔文化园多元文化示意图

5.1.1　丰富多元的历史文化

内蒙古准格尔旗文化从旧石器时期延续至今形成了丰富多元的文化。旧石器时期，准格尔旗就有古人类"河套人"活动；上古时期，相传黄帝在此北逐荤粥；商周时期，土方、鬼方部落在此游牧；春秋战国时期，晋文公攘戎狄，赵武灵王攻至榆中；秦汉时期，蒙恬建"新秦中"，卫青逐取河南地，单于定王庭；北朝时期，北魏孝文帝推进汉化；隋唐时期，隋炀帝扬威塞北；元代成吉思汗八白室在准格尔旗供奉；明清先后建"延绥镇"长城，建旗制，走西口；近代革命活动开展如火如荼，如表5.1所示。

表5.1　内蒙古准格尔旗历史文化沿革

历史时期	重要事件
旧石器时期	古人类"河套人"活动
上古时期	• 黄帝北逐荤粥 • 大禹筑"众帝之台"占卜祭祀
商周时期	土方、鬼方部落游牧
春秋战国	• 晋文公攘戎狄 • 赵武灵王攻至榆中
秦汉	• 蒙恬建"新秦中" • 卫青逐取河南地 • "单于王庭"定于美稷城 • 农牧交错，经济繁荣
北朝	北魏孝文帝推进汉化
隋唐	• 隋文帝筑十二连城 • 隋炀帝北巡设大宴 • 盛唐农业区北移扩大，农牧经济第二次高潮
元	• 成吉思汗西征 • 成吉思汗八白室在准格尔旗供奉
明	为明所统，建"延绥镇"长城
清	• 准格尔始建旗制 • 御前行走大臣札萨克王府 • "黑界地"、放垦与抗垦 • 走西口
近代	• 马占山将军率军东北挺进军驻防准格尔旗 • 刘治衡、郝永海等中国共产党人在准格尔旗的革命活动

　　通过对历史沿革的梳理，可以看出准格尔旗拥有军事、草原、中原、移民、黄河、边塞、宗教、祭祀、游牧、红色等多种文化，如表5.2所示。但繁多的文化难以逐一呈现，即使全部加以展示也很难让游客留下深刻印象。针对如此繁多的文化，如何抓住重点，将文化深入浅出地向游客展示，使游客印象深刻？这需要准确把握准格尔旗的发展脉络，找出历史文化发展的底层逻辑，让文化能够浅显易懂地展示给游客。

表5.2　内蒙古准格尔旗文化类型

文化类型	代表性资源
军事文化	魏长城、秦长城、明代延绥镇长城、成吉思汗西征、十二连城遗址
草原文化	土方鬼方游牧部落、蒙古族游牧技术、敖包等建筑文化、民族歌舞
中原文化	隋炀帝"巡北大帐"、农耕文化
移民文化	秦汉移民戍边、走西口、草原丝绸之路
黄河文化	"河套人"遗址遗迹、河套平原、黄河"几"字大拐弯处
边塞文化	春秋军事屯田、古城址（秦汉广衍县古城、汉代美稷古城等）
宗教文化	萨满教、藏传佛教（黄教）、佛教（沙门教）、准格尔召
祭祀文化	寨子圪旦遗址、成吉思汗八白室、油松王祭祀、成吉思汗陵祭祀
红色文化	中共马栅区委革命活动展厅、魏家峁地下党革命活动遗址等

5.1.2　文化脉络梳理

1. 地脉分析：地处"河套"地区

准格尔旗位于内蒙古河套地区。历史上被称作河套的地区，一般是指流经今宁夏北部、内蒙古鄂尔多斯市、包头市、巴彦淖尔市和陕西东北部与山西西北部两界之间的黄河大转弯所包之地。黄河从东、北、西三面环绕这一地区，形似绳套，因此得名。准格尔旗的区位，使得河套地区的阴山、黄河和草原三大自然要素对其文化产生了重要影响。

首先，阴山山脉横亘于内蒙古中部，绵延约1200千米，仿佛一座巨大的天然屏障，同时阻挡了南下的寒流和北上的湿气，因此造就了阴山南麓雨水充沛、适宜农业发展的气候。其次，准格尔旗文化乃至整个河套文化，是以中华民族的母亲河为轴心发端和起源的。自古以来，在阴山南北至黄河两岸的狭长地带，形成了北方高维度地区的一处最适合人类居住、生存和繁衍的栖息地，孕育了人类灿烂辉煌的农耕文明。最后，游牧文明和草原文化也构成了准格尔旗文化的重要显性特征。大量的考古研究证明，准格尔旗地区自古以来就是多民族聚居区，在这片土地上，先后有荤粥、鬼方、土方、猃狁、匈奴、突厥、鲜卑、党项、女真等十几个民族入住并建立了各自的政权。

阴山、黄河和草原三大自然要素奠定了准格尔旗的地理脉络，反过来准格尔旗文化的发展也反映了这样的自然地理条件。一方面，准格尔旗文化成为游牧文化和农耕文化共存的结合体。它在历史上曾是农耕文化与游牧文化相互交融的场所，如今它是聚集着蒙古族、汉族、回族等多元民族和谐共处的家园。另一方面，准格尔旗也因为独特的地理位置，成为中原王朝和北方少数民族"兵家必争"的战略要地。它既是中原地区王朝的北部防御要地，也是北方少数民族入主中原的必经之路。当中原王朝强大时，往往要通过强大的军事力量控制准格尔旗乃至河套地区；而当中原王朝衰弱时，准格尔旗和河套地区又成为北方少数民族用于进攻中原王朝的跳板和根据地。

2. 文脉分析：战事和移民运动

1）战事

古语云"河套安，天下安"。从历史的角度来看，准格尔旗以及河套地区是"系天下安危"的战略要地——河套俯视中原，扼天下喉舌；历代封建王朝都把经营河套作为巩固边防的要务；唐肃宗以河套为基地平定安史之乱；党项拓跋思恭据夏州而奠定后来的西夏国（李元昊建立）……

准格尔旗文化最鲜明的特点之一便是与边塞战争的紧密联系。战争在客观上促成了准格尔文化的诞生，并且以和平修好的方式推动了准格尔旗文化的进一步发展和繁荣。准格尔旗作为我国古代游牧文明和农耕文明冲突、融合的重要舞台，"兵家必争"的特殊战略地位决定了中原政权和北方游牧民族大都以此作为其边防建设的重要基地，大规模的边防投入为准格尔旗文化的繁荣奠定了坚实的物质基础，如表5.3所示。

2）移民运动

移民运动也是准格尔旗文化形成的重要因素之一。中国历史上的移民对于中华文明的传播、融合、发展起到极大的作用，而准格尔旗在历史上的各朝各代都有过大量的民族迁徙、移民、外来人口补充等事例记载，尤以秦汉、隋唐和清朝3次大的移民对准格尔地区的影响最为深远，直接推动了当地的经济繁荣。秦汉移民改变了准格尔旗单一的游牧经济状况，形成了以农牧业为主的区域经济特色，准格尔旗和河套地区达到了历史上经济发展的第一次大繁荣。隋唐时期对移民广施良政，出现人畜两旺的繁荣景象，河套地区农牧业经济达到第二次高潮。至清代以后，大量晋陕农民涌向口外谋生，世谓"走西口"，河套地区产业结构出现了又一次历史性的大转变，如表5.4所示。

表5.3 鄂尔多斯准格尔旗历代战事

时期	战事
上古时代	"荤粥"的传说
战国时期	秦昭襄王在准格尔旗修长城以防御北方民族;"胡服骑射"的赵武灵王在鄂尔多斯高原降伏了林胡、楼烦,从而拉开了中原农业文明大规模进入准格尔旗和整个河套地区的序幕,修筑长城和城郭烽台;然而这一切并没有遏制住在大青山一代逐渐强盛起来的匈奴骑兵的步伐,匈奴人越过长城,渡过黄河,驻牧于阴山南北的广阔地域
秦	秦始皇统一中国后,"乃使将军蒙恬发兵三十万北击胡,略取河南地","徙内郡人民皆往充实之";秦末,鄂尔多斯高原又为匈奴冒顿单于赴战,划为右贤王驻牧区;汉武帝元朔二年(前127年),发动了漠南之战,大将卫青走了驻牧在鄂尔多斯高原上的匈奴绥颓王和白羊王部,占领了鄂尔多斯高原,在这里设置郡县,准格尔旗大部属云中郡
隋	隋大业三年(607年),炀帝北巡,在胜州榆林县(准格尔旗十二连城古城)设宴招待突厥诸部及契丹、奚等各部酋长3500人,胜州因之名扬天下
五代十国	在五代十国时期,我国西北地区的一个名叫藏才族(也译作藏察勒族)的小藩部,乘战乱之机,进入今鄂尔多斯高原东部的准格尔旗境内。辽伐西夏时,藏才族首领王承美率部附辽,辽授其左手牛卫将军衔,并助其在今准格尔旗纳日松镇二长渠村筑城建砦
宋/辽/西夏/金	宋开宝二年(969年),王承美归宋,宋赐其城名为丰州(准格尔旗纳日松镇二长渠村古城)。1127年初,金灭北宋,西夏人趁机占领丰州城,中间一度又被金人抢占,但后又复归西夏
元	成吉思汗统一了漠北蒙古各部后,逐步南下,其子孙灭了西夏和金,准格尔旗为元王朝所占据
明	明洪武四年(1371年),明军攻下东胜州(今托克托县古城),置卫。明宣德年间(1426—1435年),蒙古诸部势力日渐向南扩展,威胁明朝北部的安全,明朝也开始在北方陆续设置边镇,构筑边墙,其中延绥边墙就筑在鄂尔多斯高原的南部。这道边墙东起今准格尔旗龙口镇大占村紫城岩,西抵宁夏盐池东北,从此成了内蒙古鄂尔多斯市与陕西省的分界
近代	近代马占山将军率东北挺进军驻防准格尔旗,多次出击,与日军进行激战

表5.4　鄂尔多斯准格尔旗移民与经济繁荣

秦汉移民，经济结构改变，第一次大繁荣
• 秦汉时期，"移民实边"政策的实施，使大量内地人口充实到北方边地，开垦耕地、修筑长城、驻军屯田等，将中原地区的农业文明带到了准格尔旗和整个河套地区 • 在先秦时期，准格尔旗和河套地区为少数民族所控制，游牧业经济占据了经济发展的主序列；而到秦汉时期，随着秦始皇和汉武帝的大规模移民，改变了这里相对单一的游牧业经济状况。中原地区的农业经济在北传以后，适应自然环境，与当地的畜牧业经济相结合，形成了以农牧业为主的区域经济特色 • 西汉汉宣帝甘露元年，匈奴呼韩邪单于降汉，汉匈间和平60余年，准格尔旗和河套地区达到了历史上经济发展的第一次大繁荣

隋唐大一统，藩汉人口剧增，经济第二次大繁荣
• 唐先后于河套外侧、阴山以南设单于都护府、安北都护府，统摄漠南北诸族；又置"六胡州"以处降服的游牧民族，使其在套内驻牧；在整个河套地区置丰、胜、夏、宥、盐、灵等州以治汉民；又大兴水利，广开营田，设群牧使专司养马 • 藩汉人口剧增，农业区的北线向北推移到到阴山一居延海一线，出现"众日孳番""畜牧繁息"人畜两旺的繁荣景象。河套地区农牧业经济达到第二次高潮

清朝蒙地放垦与走西口
• 至清代，边外地被划为蒙地，禁止汉人垦耕，但无地农民铤而走险，清廷无法禁绝。自雍正年间开始，少量蒙地陆续放垦，汉民到蒙地耕种的人数年年增加。晋陕农民涌向口外谋生，世谓"走西口" • 清末，蒙古地区早已为沙俄、日本所觊觎，为充实边防、筹练兵之费，光绪年间开始大规模的放垦。汉族人口急剧增加，成为汉蒙民族融合进程中的重要事件。经过旷日持久的移民垦殖，河套地区产业结构出现历史性的大转变，由牧主农副变为农主牧副

　　移民运动对准格尔旗文化主要产生了3个方面的影响。第一，移民运动改变了准格尔旗的经济结构。从秦汉时期便开始的"移民戍边"，为准格尔旗和河套地区带来了中原地区的农业经济，改变了这里相对单一的游牧业经济状况，形成了以农牧业为主的区域经济特色。第二，移民运动使准格尔旗获得了"塞外粮仓"的美誉。准格尔旗和河套地区从古到今的历次农业大开发，都是在大量移民的背景下展开的，是移民使得河套平原有了"塞外粮仓""膏腴殖壤""黄河百害，唯富一套"的美誉。第三，移民运动造就了准格尔旗的"移民文化"。经过漫长的历史演进，大量移民从四面八方会集到准格尔旗和河套地区，并将各地的习俗带到这里，也造就了多样丰富的"移民文化"。例如，民国时期的河套方言以山西方言为基础逐步演化而形成了河套地方方言，而后期发展起来的临河方言和杭后方言更多地受到了冀

鲁豫等地方言的影响。今天河套地区的许多地名蒙汉混杂，吸收了大量蒙古语，形成了本地方言特色，带有强烈的移民色彩。

3. 部脉分析：三白室祭祀文化和宫廷文化为代表的蒙古族文化

1）鄂尔多斯部历史沿革

鄂尔多斯部，源自成吉思汗时的"斡耳朵"，即成吉思汗时的宫殿。因此，鄂尔多斯汉语意为"众多的宫殿"，表达其是成吉思汗八白室及其守护者之意。《鄂尔多斯史札》记载，"相传，鄂尔多斯的蒙古族人是由五百户达尔扈特发展而来的"。

专门从事成吉思汗陵守卫与祭祀的人被称为"达尔扈特"。成吉思汗于1227年病逝后，其夫人也遂、儿子窝阔台和拖雷以及主将孛斡儿出等，在往故里运送成吉思汗遗体的途中，按照萨满教的灵魂观，将成吉思汗的灵魂附着物——沁达尔箱灵魂和成吉思汗的一件衫、一只袜、一顶帐篷留在穆纳浩舒（今鄂尔多斯高原）供奉的时候，从成吉思汗克什克腾中选拔了一部分人，把守卫和祭祀成吉思汗灵魂箱和遗物的神圣使命交给了他们。鄂尔多斯蒙古人虽然不是全部由五百户达尔扈特繁衍而来，但他们无疑是在原达尔扈特的基础上发展起来的。

成吉思汗陵的祭祀自窝阔台汗开始形成。到了元代，忽必烈把坐落在鄂尔多斯的成吉思汗陵在其原有的基础上扩建成了八座帐篷，通称"八白室"。守灵者守护着八白室隐居在阿尔巴斯深山的密林中，直到1474年。15世纪中叶，明朝天顺年间，守护成吉思汗陵寝（八白室）的鄂尔多斯部从蒙古高原进驻河套地区，"八白室"也随之迁入。500多年，鄂尔多斯部一直没有离开过鄂尔多斯地区。

1510年，巴图孟克达延汗重新划分6个万户时，将"斡尔多斯万户"称为"鄂尔多斯万户"。清初，鄂尔多斯部归顺清朝，实行盟、旗制，准格尔地区被封为"左翼前旗"。

2）三白室祭祀文化和宫廷文化

当成吉思汗攻灭西夏时，他的大军驻扎在鄂尔多斯西部近一年之久。从那时开始，随军而来的高级军政人物及其部落和蒙古民族宫廷艺术人才便留居在此，这种高雅的贵族宫廷文化也随之扎根在这块土地上。

随后，鄂尔多斯部迁"八白室"居此地。"八白室"即八座白色的毡帐，室内分别供奉着成吉思汗几位夫人的灵柩和两匹白色神马图及祭天用的檀木桶、弓箭、马鞍具等珍贵物品，鄂尔多斯部入居河套，"八白室"也随之迁入。其中三白室就供奉在准格尔旗，分别是呼日孛勒真高娃哈敦白宫、宝日温都尔（汉译神奶桶）和溜圆白骏神像。"八白室"的迁入使蒙古族文化较完整地继承下来，在准格尔旗挖掘出的鄂尔多斯青铜器最多，成为蒙古族宫廷文化和帝王祭祀文化活的化石宝库。

5.1.3 主题提炼——草原风，蒙汉情

通过地脉、文脉和部脉的梳理，多样纷繁的准格尔旗文化已然呈现出一条清晰的脉络，但是作为一个文化园区还需要一个高度概括的主题。规划结合时代特色，将准格尔文化园的主题确定为"草原风，蒙汉情"。准格尔旗位于内蒙古自治区，为我国少数民族地区，民族团结是我国的国家意志，"蒙汉情"是对民族团结政策的呼应，而"草原风"是对准格尔旗文化特色的保留。在这个主题之下，规划结合脉络分析的结论，将主题分解为自然地理、部落发展、战和交融及移民文化四大特色脉络。在此基础上分别进行相关文旅项目的策划，如图5.2所示。

图5.2 内蒙古准格尔文化园主题凝练

5.1.4 文旅项目规划

规划以"草原风，蒙汉情"为主题，规划了"黄河之套"入口广场、巡北大帐、清贝勒府、走西口广场、边塞互市风情小镇、准格尔伊金纪念宫、神骏广场、宝日温都尔广场等项目，从而清晰地向游客展示准格尔旗文化内在的演化逻辑，如图5.3和图5.4所示。

1. 黄河之套项目——"黄河之套"入口广场

入口广场主景"河套地脉"实景主题沙盘，就如同庐山大门前的实景沙盘和北京永定河水系实景沙盘一样，立体展现了河套地区山脉整体地形、水系走向，让游客能够直观感受阴山山脉的雄伟以及黄河的气势。同时，设

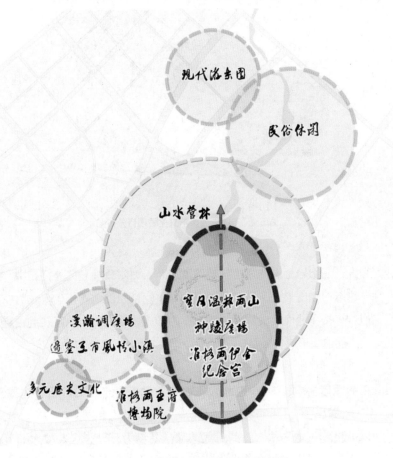

图5.3 内蒙古准格尔文化园规划项目策划图

 内部标注（由上至下，由左至右）：
准格尔游乐场
农耕体验园
沙地生态园
文化创意产业园
民俗活动园
宝日温都尔广场
宝日温都尔山
文化创意产业园
神骏广场
漫瀚调广场
边塞互市风情小镇
准格尔伊金纪念宫
多元历史文化博物馆
准格尔王府博物院

图5.4 内蒙古准格尔文化园项目分布图

计河套人、阴山岩画、地质结构辅助群雕和入口水景观。此外，在中心主题沙盘一侧以曲线的形式，设置"时空之路"。以阴山地质年代变化时期为节点，通过直接在地面设置地标、解说牌的形式，展现河套地区从远古直至河套人诞生的地质形成史。

2. 战和交融项目——巡北大帐、清贝勒府、走西口广场、边塞互市风情小镇

以准格尔旗地区从上古到近代的战事脉络为基础，选取动人细节，既突出准格尔旗作为中华文化典型代表的特征，又能让人们从熟悉历史文化

开始，更容易记住和接受准格尔旗文化。由此，规划最终确立了战和交融主题以巡北大帐、大营盘长城为重点，展示黄帝北逐荤粥、十二连城、匈奴王庭、抗日与红色文化等动人历史文化细节。

1）巡北大帐

按照隋炀帝当时北巡的规模，建设创造吉尼斯世界纪录的世界最大的蒙古大帐——巡北大帐。规划通过展示隋炀帝北巡场景，展示皇家气象；建设准格尔旗多民族文化博物馆，展示准格尔自古以来的多民族共融共生；打造4D多功能演绎厅，进行漫瀚调表演，并拍摄一部反映准格尔旗文化的30分钟左右的4D影片，结合现代科技全面展示准格尔旗文化。

2）清贝勒府

准格尔旗清贝勒府历史上坐落在布尔陶亥苏木政府所在地，为一座周长2250米的正方形土城，是鄂尔多斯规模宏大、建筑考究的蒙旗王公府邸，目前只剩遗址。规划恢复贝勒王府，作为"准格尔王府博物院"，满足文化展示功能和高端接待功能。同时，意向性地恢复外围城墙和炮台，再现王府炮台居高临下、虎视四方、士卒昼夜站岗的威严景观。

3. 移民传奇项目

以准格尔旗地区从春秋战国到清代移民的历史大脉络为基础，选取秦"新秦中"屯田、汉广衍县筑城、北魏八姓寻根、唐代草原丝绸之路、唐代域外作物农庄、走西口之路等动人细节，其中将走西口广场和边塞互市风情小镇作为核心进行打造。

1）走西口广场

以走西口之艰辛悲壮为主题，建设走西口线路大地浮雕，浮雕周围布局走西口群雕，展现走西口受苦受难的农民不甘现实命运、不甘坐以待毙的精神，同时也展示一部中华民族为了生存而顽强拼搏的雄浑激昂的赞美诗。此外，选取走西口故事进行展示，如临行"倒头纸"、骆驼粪寻路、万能扁担等，建造茅庵展示走西口艰苦的住宿条件，意向性重现荒漠环境中凄惨的景象，展示走西口的艰苦环境。

2）边塞互市风情小镇

打造边塞互市风情小镇，建设文化风情街区、大宅院落、意向古城项目，对准格尔蒙古族民俗文化、非物质文化遗产、历史文化遗产等进行全面展示，同时提供服务接待娱乐功能。

4. 蒙古族文化项目——准格尔伊金纪念宫、神骏广场、宝日温都尔广场

1）准格尔伊金纪念宫

作为准格尔蒙古族三白室祭祀文化和蒙古族宫廷文化的重要组成部分，建设"准格尔伊金纪念宫"。蒙古族宫廷文化的展示包括准格尔伊金的历史文化展示、成吉思汗与后妃也遂和也速干的故事展示，以及蒙古族服饰文化展示。

2）神骏广场

建设"神骏广场"，展现成吉思汗盛大的祭天场景。"神骏广场"中心规划"溜圆白骏雕像"，周边配以成吉思汗驾驭99匹骒马和几百匹随从马群的宏伟雕像，外围配以散放的活的白马群，有拴马桩、苏力德杆等配景。整个广场依山临湖，鲜活地展现成吉思汗当年在河畔拉开拴马长绳，拴上他的99匹白色骒马，将挤出的奶水倒进檀木奶桶，举行盛大的祭天仪式，祭祀99重长生天的场景。

3）宝日温都尔广场

建设"宝日温都尔广场"，与神骏广场形成呼应。当年，成吉思汗将他的99匹白色骒马挤出的奶水倒进檀木奶桶，这个奶桶被人们称为"宝日温都尔"；成吉思汗将奶水倒在山坡上，以祭祀长生天，这个山坡被称为"宝日温都尔山"，这一奶桶就成为圣物（八白室之一）被人们供奉。城市主轴上的山命名为"宝日温都尔山"，山上建设"宝日温都尔广场"，广场中心是"圣奶桶"，山下临湖是神骏广场。

5.2 浙江兰溪"三江六岸"景区规划

"三江六岸"景区位于浙江省兰溪市三江交汇处，是兰溪城市风貌、山水景观与地方文化的集中展示区。景区内聚集了古城街巷、民居建筑、水运码头、寺院佛塔、曲艺书画等丰富的文化资源，是兰溪城市文化底蕴的集中体现，如图5.5所示。

5.2.1 文化脉络梳理

兰溪历史悠久，人文荟萃，自唐代建县以来，已有1300多年的历史，文化底蕴十分丰厚。兰溪自古水运繁华，素有"三江之汇、七省通衢"之美

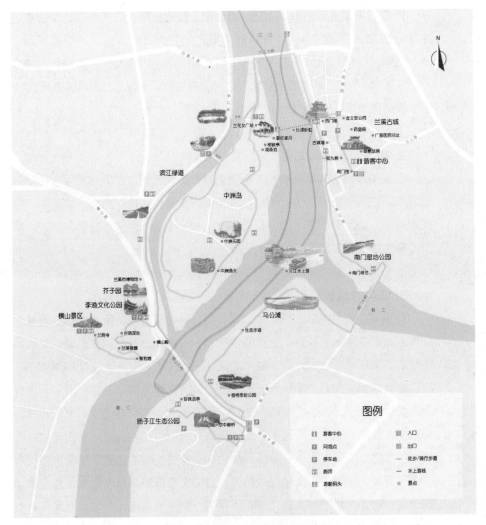

图5.5　兰溪"三江六岸"景区全景图

誉，商贸、科第、中医药、婺学、诗词、戏曲等历史文化在这里交相辉映，孕育出一座文化底蕴深厚、自然风光旖旎、商埠贸易繁荣的江南小城。

1. 商贸与近代工业文化

兰溪位于三水交汇处，依托便利的水陆交通，自古商贸繁荣，商贾云集，是钱塘江上游最大的商品集散地和最繁华的商埠，有"钱塘第一商埠"之美誉。水运商贸的兴盛促进了兰溪古城的发展与繁荣，码头、会馆、驿站、古商街等资源至今仍在古城完整保留，目前现存的有官码头、水门码头、西门码头等货运码头，以及宁波会馆、钱业公所、隆礼巷古栈房、步行街等商贸文化资源。宋元以来，随着商贸的繁荣，兰溪的棉纺织业发展迅速，到明清时达到鼎盛，至康熙时，四乡棉纺织坊不计其数，印染坊达10多家，工匠300多人，有"衣被江南"之称。到近代，兰溪依旧是我国近代工业起步较早的地区，制药、食品、纺织、印刷等行业发展兴盛。

2. 中医药与药帮文化

兰溪中医药文化源远流长，历史上曾与浙东慈溪、安徽绩溪并称"中药三溪"。在南宋绍兴二十一年（1151年），兰溪就开设医药合一的官办"惠民药局"，是历史上著名的中药材集散地，并形成了以诸葛药帮为代表、享誉江南的兰溪药帮。

3. 文学与藏书文化

兰溪文化底蕴深厚，唐、宋、元、明、清科第之盛，甲于婺郡，被誉为"理学渊薮，文献名邦"。历代文学撰著、书画篆刻、书院藏书等领域精品荟萃，名家辈出。唐宋以降，文学之风，云蒸霞蔚，文章大家，相望辈出。唐以来有学士徐安贞、宰相舒元舆和五代诗僧贯休等诗家名流；南宋有被誉为"婺学之开宗，浙学之托始"的理学名家范浚；元代有理学名家金履祥，凡天文、地理、礼乐、刑法、田乘、兵谋、阴阳等无不精研；明代有"八婺儒宗"章懋、文学大家胡应麟等；清代有身兼数艺的文化通才李渔；当代有文学家曹聚仁等。兰溪文化之风盛行，名流大家云集。兰溪藏书，起于宋，盛于明。明《金华诗录》载："婺州藏书，独盛于兰溪。"宋、元两代有书院10处，著名的有范浚的宝惠书院、叶诞的瀫东书院、金履祥的仁山书院等。明清时期有书院36所，除读书、著书、刻书之外，亦兼藏书。民间私人藏书达30余家，逾万卷者已载入中国藏书家史册。

4. 诗词文化

兰溪自唐宋以来，文风鼎盛，历代乡贤及名人留下了成百上千首诗词。其中知名的有唐代戴叔伦、张志和，五代贯休，宋代杨万里，明代唐龙以及近代郁达夫等人。其中尤以戴叔伦的《兰溪棹歌》、唐龙的兰溪八景诗和郁达夫的"红叶清溪水急流，兰江风物最宜秋"流传最广。近年来，浙江省提出建设诗路文化带，兰溪是钱塘江诗路上的重要节点，丰富的诗词文化，使兰溪成为钱塘江诗路文化带建设的重要支撑。

5. 戏曲与生活休闲文化

兰溪休闲氛围自古延续至今，从山水畅游休闲到戏曲娱乐休闲，从李渔的生活艺术休闲到今天的大众市井休闲，休闲文化体现在兰溪生活的方方面面。第一，名家畅游休闲。自唐代至今，兰溪青山秀水吸引名人畅然游玩，有唐代诗人戴叔伦、杜牧、许浑，南宋诗人杨万里，元代萨都刺，明代旅行家徐霞客、文人胡应麟，民国郁达夫、朱自清等人，留下诸多诗歌游记。第二，曲艺娱乐休闲。兰溪历来商埠繁华，民间戏曲、曲艺十分活跃。兰溪戏曲以婺剧为主，其他尚有越剧、木偶戏等剧种。南宋时，境内流行杂剧目连戏、焰口戏、木偶戏。明末清初，苏州昆山腔入兰溪。康熙元年（1662年），李渔筹办"家庭昆剧社"。民国时期，坐唱班、十响班星罗棋布。第三，李渔生活艺术休闲。李渔热爱生活，重视生活艺术和情趣，其创作的《闲情偶寄》有一个重要部分是专门研究生活乐趣的，是中国人生活艺术的袖珍指南，包括住室与庭院、室内装饰、界壁分隔到妇女梳妆、美容、烹调的艺术和美食系列；富人穷人寻求乐趣的方法，一年四季消愁解闷的途径……堪称生活艺术大全、休闲百科全书。第四，兰溪市井休闲。今日的兰溪人，懂情趣，会生活。吃穿讲究——兰溪浓烈的商埠文化、移民城市特性，使各地风味小吃集中到一起，成为别具特色的兰溪小吃文化。品味生活——兰溪人喜欢养花养鸟，采兰养兰赏兰之风颇盛，从唐代开始至今未断，有"中国兰花之乡"的美称。即时享乐——兰溪繁华的商埠文化造就了兰溪人有钱就花的性格，能够即时享乐。

5.2.2 主题定位

1. 宏观主题

通过对兰溪文化资源的梳理，可以发现，兰溪"三江六岸"景区有着丰厚的历史文化底蕴和极具特色的文化资源——商埠码头、古城民居、书院山房、名人故居、山岳古寺、园林楼阁、中医药、戏曲、诗词、棉纺织等。面对景区如此繁多的文化，有限的景区空间难以全部体现，而且如果展示过多的文化主题也不便于游客记忆。因此，打造什么样的发展主题，选取哪些特色文化进行重点展示，是规划急需解决的问题。

规划尝试着对景区整体文化特点进行一个宏观把握。从史料入手，在两宋时期，兰溪被宋徽宗誉为"天下江南"，明清时期有"小小金华府，大大兰溪县"和"小小兰溪赛苏杭"的美誉，民国时期更是被称为"小上海"，这些历史评价充分展示了兰溪作为江南小城的富庶繁华与诗情画意。最终，规划将宋徽宗所提的"天下江南"作为兰溪"三江六岸"景区发展的主题。而选取"天下江南"的原因主要是该提法既是历史名人的提法，同时"江南"这一意象也代表着中国人自古以来对美好生活的一种向往，如图5.6所示。

图5.6 兰溪"天下江南"文化主题定位

何为"江南"？从古至今，"江南"所代表的美丽富饶的水乡景象，集中了中国人对美好生活的全部想象。人们赞誉一个城市美好宜居，便总贯以"江南"二字。例如，宁夏的"塞上江南"、林芝的"西藏江南"、伊犁的"塞外江南"、汉中的"西北小江南"等，这些地域化的称赞，使"江南"成了诗意栖居、富庶繁华的代名词。中国人偏爱江南，尤以文人墨客最为突出，有关江南的赞誉诗词史不绝书。唐有白居易的"江南好，风景旧曾谙，日出江花红胜火，春来江水绿如蓝，能不忆江南"，韦庄的"人人尽说江南好，游人只合江南老"，元有张养浩的"画船儿天边至，酒旗儿风外飐。爱杀江南"等。由此可见，江南是国人心中美好生活的代名词，是诗意栖居的理想模板。因此，规划以宋徽宗所提的"天下江南"作为景区主题，重点体现兰溪作为天下江南的山水、商贸、儒家、诗歌、曲艺等特色文化，打造兰溪城市形象品牌的集中展示区。

2. 特色主题

由于"三江六岸"景区是城市开放空间，包含多个分散的子景区，景区缺乏系统的整合和有序的游览主题，如何吸引游客游览多个子景区，使景区成为一个具有主题特色的旅游体验目的地，是景区破题的关键。

对此，规划在"天下江南"这一宏观定位之下，梳理总结兰溪丰富的文化资源，将兰溪商贸、水运、手工业、中医药、婺学、诗词、藏书、戏曲、休闲等文化资源，归纳总结为钱塘商埠、闲情偶寄、风雅兰江、良相名医、兰派生活5个特色主题，如图5.7所示。

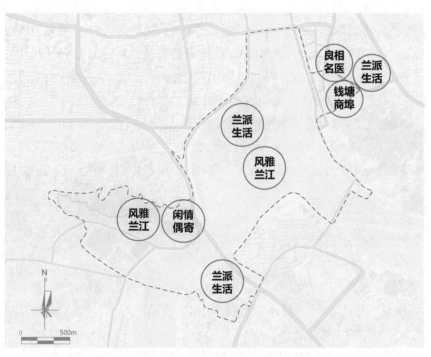

图5.7 兰溪"三江六岸"景区规划旅游项目主题分布

"钱塘商埠"展示了兰溪清代至民国时期繁忙的码头水运、古城商贸，以及近现代手工业文化。明清至民国时期，兰溪商业繁荣，为钱塘江各埠之冠。兰溪古城外商云集，各地商人带来各行各业商业贸易活动，繁荣之际，兰溪纺织业曾有"衣被江南"之称。兰溪商业的繁荣直接体现了江南地区的繁荣与富庶。

"闲情偶寄"重点展示李渔戏曲文化和生活美学思想。李渔是中国戏曲理论的集大成者，戏曲作品译传海外，影响广泛。李渔的《闲情偶寄》展示了普世大众的生活美学思想，是中国人生活艺术的袖珍指南，展示了江南地区雅致新美的生活方式。

"风雅兰江"展示了兰溪"溪以兰名，邑以溪名"的风雅底蕴。兰溪婺学、藏书、兰花、诗词等风雅文化历史悠久。兰溪作为钱塘诗路的重要节点，集中体现了江南地区诗情画意的风雅特性。

"良相名医"展示兰溪自古文风鼎盛、名家辈出的特点。有名相舒元舆、理学鸿儒金履祥、内阁首辅赵志皋、三部尚书唐龙等名家大儒。兰溪名人辈出，体现了江南地区崇文尚教、儒雅博学的精神追求。

"兰派生活"重点展示兰溪安逸闲适的生活情趣。兰溪具有"小优雅、会生活、不急不慢"的城市气质，曲艺、美食、医养、花草等事物是兰溪人生活的必需品，这种市井烟火气形成了独具特色的兰派生活。兰派生活也与今日备受推崇的"扬派生活""京派生活"相似，体现了人们对美好生活的追求和向往，与江南所代表的美好生活意象有异曲同工之处。

5大主题从不同方面体现了兰溪作为天下江南的特色所在。规划将5大主题在空间上落位到兰溪古城、中洲岛、兰江、兰荫山、芥子园及李渔文化公园等景区，引导游客完整游览天下江南景区，感受兰溪作为天下江南的独特风情。

5.2.3 文旅项目策划

结合资源分布情况，规划将"钱塘商埠、风雅兰江、良相名医、闲情偶寄、兰派生活"5个分主题在景区进行空间落位，策划体验项目，形成了具有主题特色的游览体验空间，如图5.8所示。

1.钱塘商埠：水陆商埠、一街九巷

钱塘商埠主题依托兰溪旧时繁华的商贸文化、非遗手工艺、民间艺术以及近现代工业产业，在兰溪古城打造水陆商埠和一街九巷2个子项目。水陆商埠项目重点展示兰溪古城墙和码头文化特色，打造西门城楼、西门码头、古城墙、码头文化博物馆等5大节点。一街九巷是以兰溪古城步行街和城南古巷为依托，通过恢复水街风貌和引导更新业态，提升古城旅游活力，如图5.9所示。

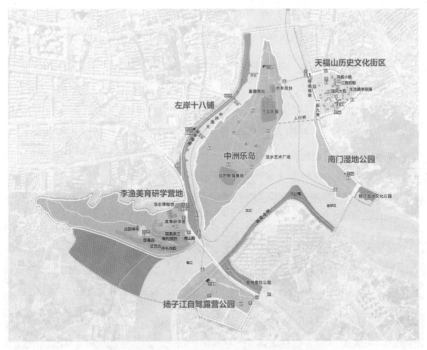

图5.8 兰溪"三江六岸"景区规划旅游项目策划图

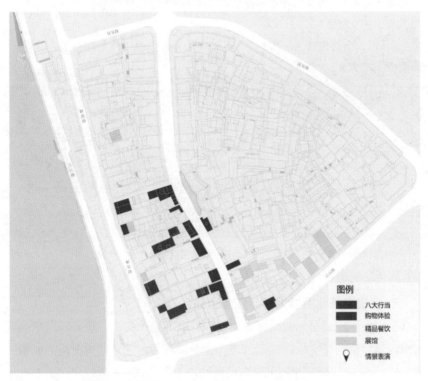

图例

八大行当
购物体验
精品餐饮
展馆
情景表演

图5.9 兰溪"三江六岸"景区一街九巷业态空间布局

2. 风雅兰江：兰江画廊、兰荫深处

风雅兰江主题以兰溪诗歌文化、兰荫深处"兰"文化为底蕴，以兰江山水为依托，打造兰江画廊水上游线和兰荫深处风雅文化体验地2个项目。兰江画廊以画舫游船为特色交通工具，串联兰溪三江六岸、山-水-岛-城，打造一条山水辉映、诗情画意的水上游线，如图5.10所示。兰荫深处风雅文化体验地以兰荫山为基地，打造读诗、赏画、观兰等风雅体验产品，塑造兰溪城市精神地标，如图5.11所示。

图5.10　兰溪"三江六岸"景区兰江画廊主题夜游

图5.11　兰溪"三江六岸"景区兰荫深处项目分布图

3. 良相名医：国学大观、江南药都

良相名医主题是以兰溪历史上治国辅政的政治名人、悬壶济世的医药名家以及兰溪药帮文化、近代医药产业等资源为依托，打造国风大观和江南药都2大子项目群。国风大观项目围绕告天台、章懋故居等文化资源点，

利用周边闲置公房，打造以廉政文化教育和传统文化体验为特色的国学文化传承体验区。江南药都项目以传承发扬兰溪药都文化品牌为核心，推动医旅融合，打造集医、祭、学、养、购功能于一体的兰溪江南药都医养体验基地。

4. 闲情偶寄：李渔美育研学营地

闲情偶寄主题是以李渔及其代表作品《闲情偶寄》、李渔戏曲理论、李渔戏曲文化等为素材，以研学教育为产业支撑，打造李渔美育研学营地。李渔美育研学营地以芥子园和李渔公园为载体，打造国际戏剧周、活态博物馆和美育研学营等项目，再现李渔文化，倡导生活美学。

5. 兰派生活：风雅小院、生活美学院落、市井古巷

兰派生活主题是以兰溪古城名人儒士、书院牌坊等风雅文化和商业贸易、戏曲非遗、市井生活等闲情文化为支撑，通过打造风雅小院、生活美学院落和市井古巷3大项目，展示兰派生活的"雅"与"闲"。风雅小院以兰溪传统"六雅"为内涵，通过恢复仁山书院、少室书屋以及借用周边公房，打造书、诗、画、花、茶、曲6项雅文化体验院落。生活美学院落指挖掘兰溪隐逸文化，以传统民居院落为单元，融入李渔生活美学和兰溪传统生活方式，打造展现兰派生活的度假聚落。市井古巷指遴选有特色的古巷和民居，通过风貌提升和情景装置，打造景观化微场景，形成古城网红打卡点，如图5.12所示。

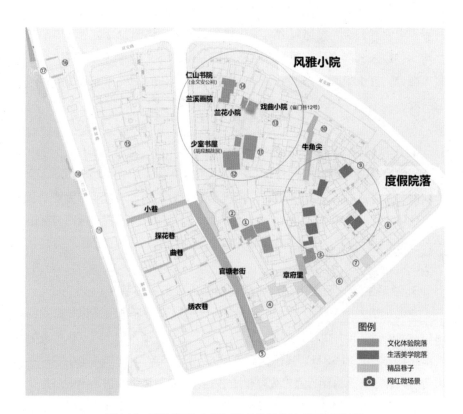

图5.12 兰溪"三江六岸"景区兰派生活主题项目平面图

第 **6** 章

意义升华法——
单一文化与旅游
融合规划

意义升华法是通过对单一文化的全面梳理，挖掘其独特的历史意义和文化内涵，同时结合当下时代特色，将文化进一步拔高拓展，达到更高层面的文化认同，从而将单一的历史文化升华到具有当代意义的文化，进而有助于文旅融合规划在更高的视角谋划布局，拓展主题。

以下将以"黄龙府文化规划""广西班夫人纪念公园旅游规划设计"和"内蒙古牙克石兴安新城南区策划"为例，展示意义升华法的具体应用。

6.1 黄龙府文化规划

黄龙府地处东北平原中部，今吉林省农安县县城所在地。岳飞一句"直抵黄龙府，与诸君痛饮耳"，从此"黄龙府"名扬天下。规划将黄龙府文化升华为民族复兴文化，实现了黄龙府文化的创造性转化和创新性发展。

6.1.1 黄龙府历史沿革

黄龙府是东北文明的发祥地之一。早期扶余国曾在此建都（古称扶余城），渤海国时期改名扶余府，至辽代改为黄龙府。随着政权的更迭，黄龙府屡次更名，金代称济州、隆州、隆安府；元代曾为开元路的治所；至明代，这里设为驿站，命名"龙安站"；清代设农安县，并延续至今。在漫长的岁月里，黄龙府作为扶余王城及渤海、辽、金三朝重镇，日渐成为祖国东北大地上的名城重镇和具有极丰富历史文化积淀的塞北明珠。

1. 扶余国：黄龙府是扶余国都城

公元前2世纪末，橐离国王子东明建立扶余国，从抵御外族入侵和发展经济的角度考虑，选择扶余城（黄龙府）作为国都，扶余城成为扶余国的政治、经济、文化中心。据《三国志》记载，两汉之际，扶余是汉朝东北地区最大的属国和民族共同体之一，"其户百万，其国殷富"，开拓了松嫩平原，创造了东北历史上比较发达的文化，也开创了农安历史上有文字可考的第一个辉煌时期。

2. 渤海国：黄龙府是西部边陲重镇

494年扶余国灭亡，黄龙府成为高句丽的北方边陲军事重镇。后渤海国逐渐发展壮大，黄龙府的经济、军事地位进一步巩固。一方面，频繁的对外交往和贸易往来促使渤海国内外的水陆交通十分发达，渤海国陆路主要交通干线有5条，黄龙府位于其扶余道上，扶余道是渤海国与西南诸民族往来的交通路线；另一方面，渤海国将扶余城改为扶余府，扶余府是渤海国十五府之一，成为渤海国的西部军事重镇，派重兵防御来自西部契丹族的侵扰。

3. 辽朝：军事、交通地位重要，辽朝经济文化大都会

925年，辽太祖率兵亲征渤海国，将扶余府改名为黄龙府，黄龙府的政治、军事、交通、经济文化发展达到了前所未有的高水平。

首先，黄龙府为政治军事重镇。辽国占领黄龙府后，将其作为控制北部女真等民族的军事前哨，军事地位相当重要。辽圣宗为进一步加强黄龙府在东北混同江附近的军事部署，修筑城堡和烽火台，同时率兵进入生女真地界，俘获生女真人和他们的马、牛、猪等。

其次，水陆交通发达。黄龙府是辽朝控制东北女真族、渤海移民等诸部族的重要据点，并设有兵马都部署司、铁骊军详稳司等军事衙门，是辽朝五京六府之一。在陆路交通上，黄龙府是联系辽上京临潢府（今内蒙古林东镇）、东京辽阳府、燕京（北京）析津府的交通要道，向东北有通往女真部落中心的道路，也是向西、向南两条大道的北方终起点。在水运交通上，

黄龙府有伊通河、饮马河和第二松花江与各地舟楫相通。随着经济贸易的发展，黄龙府与中原和松花江南北各地交通日趋通畅，商贾往来更加活跃，并日渐成为关东地区的交通中心。综上所述，便捷的交通成为黄龙府在辽朝发展兴盛起来的重要条件之一。

最后，经济文化地位重要。在经济上，辽朝从成立之日起，便着手推广封建制度，并大力发展农业、手工业和商业，从而促进了契丹地区社会经济的发展。特别是向东北地区的移民，更是促进了黄龙府地区各民族之间的交流与经济的发展。此时黄龙府是大辽国七大都市之一，集市贸易十分兴盛，南北客商云集于此，素有"东寨""银府"之称。受辽朝对佛教重视的影响，黄龙府在经济发展的同时，文化也得到了发展，这在其境内所修建的大量石窟、佛塔上都有所体现。辽圣宗建黄龙府的同时，修建了许多佛教寺院，其中在黄龙府修建了最大、最有名的佛教寺院——黄龙寺，而辽塔以农安辽塔最为著名。

4. 金朝：军事重镇，交通枢纽，农业经济发达

1114年，女真人在首领完颜阿骨打的带领下起兵反辽，次年正月在会宁府建立大金国。阿骨打带兵三打黄龙府，最后一次困城一个多月，黄龙府被金兵所破。金朝统治期间，黄龙府的军事、交通、经济得到了进一步发展。

首先，黄龙府在军事上依然占有重要地位。金朝先后将黄龙府更名为济州、隆州，后来又改为隆安府。黄龙府成为金上京路内仅次于会宁府的又一重镇，并成为金上京在松花江南岸的一座重要军事前哨。

其次，1125年金灭辽以后，基本保持着辽时东北地区的交通网络，黄龙府一直是金上京在松花江南岸联系东北及全国各地的重要交通枢纽。黄龙府南与信州、沈州、东京辽阳府相通，东北至祥州（今农安万金塔）、益州（今农安小城子附近）、宾州（今松花江红石砬附近），跨过混同江和拉林河，可直达金上京。

最后，黄龙府农业经济发达、工商繁荣。金代是东北地区农业开发的重要时期，这时以黄龙府和宁江州旧地为核心形成了一个重要农业垦殖区。黄龙府一带本来就有良好的经济基础，金初的移民强化了这里的实力，先进农具的使用进一步加速了这里的土地开发，促进了农业经济的发展。金朝先后在黄龙府设置钱帛司、上京路转运司，后上京路转运司改为济州转运司，掌管一路税制、钱谷、仓库出纳、权衡度量之制等事务。这时的黄龙府约有人

口1万多户，人口稠密、工商繁荣，是上京路里最大的城市，而且上京路的税收、钱谷都要集中到这里，然后转运京师（燕京）。

元朝时期，随着疆域的空前扩大，黄龙府由边防变成内陆，重要性随之减弱，加上战争等原因，黄龙府地区逐渐衰落，直到清朝后期才又慢慢发展起来。

6.1.2　文化脉络梳理

1. 文脉分析

1）中原王朝视角

从中原王朝的视角看黄龙府，自岳飞"直抵黄龙府，与诸君痛饮耳"的千古豪言以后，黄龙府就作为一种典故被写进诗词，成为中原文人志士的一种文化符号。历朝历代关于黄龙府的诗词层出不穷，如表6.1所示。

从众多诗词中可以发现，黄龙府一直作为文人志士表达感情的符号：在国家危亡之际，陈述复兴之志；救亡图存之机，抒发爱国情怀；外敌侵并之时，发扬尚武精神；饱经磨难之境，挥洒进取热血。

2）少数民族视角

从东北少数民族发展的视角看黄龙府，可以发现这里形成了我国少数民族之间的民族融合、文化冲突、文明演进的发展史，是北方少数民族的摇篮、北方少数民族文化的核心之一。

（1）黄龙府成了东北少数民族角逐、英雄王者群雄逐鹿之地

东明王建扶余国；契丹族耶律阿保机惊现黄龙，大星陨落；女真族完颜阿骨打揭竿抗辽，麾兵问鼎；蒙古族成吉思汗铁骑羯鼓、雕弓天狼；努尔哈赤刀光剑影，牧马中原……战争是文明的冲突，也是文明的融合与演进。黄龙府是东北各民族之间文明演进、文化冲突与融合的重要舞台。

（2）黄龙府是我国东北少数民族的聚居区，是东北文明的发祥地之一

我国的少数民族很多聚居在边疆地区，他们一般是当地疆土的最早开发者，并且首先实现该地区的统一，从而为全国的大统一奠定了基础。黄龙府是我国东北少数民族的聚居区，历史上曾建立多个少数民族政权，促进了我国少数民族的文化交流与融合。黄龙府是东北文明的发祥地，黄龙府文化几乎融合了东北所有民族——包括曾经生活和正在生活于黄龙府乃至东北的契丹、满、蒙古、回、汉等民族的文化特征。

表6.1 历朝历代与黄龙府相关诗词记载

朝代	相关诗词
南宋	直抵黄龙府，与诸君痛饮耳。 ——岳飞 褫魄胡儿作穷鼠，竞裹胡头改胡语；阵前乞降马前舞，檄书夜入黄龙府。 ——陆游 《出塞曲》 风断黄龙府，云移白鹭洲；云何舒国步，持底副君忧。 ——陈与义 《感事》 愿奉天地灵，愿奉宗庙威；径持紫泥诏，直入黄龙城。 ——李清照 《上韩枢密诗》
元	黄云百草西楼暮，木叶山头几风雨。只应漠漠黄龙府，比似愁边愁更愁苦。 ——刘因《渡白沟》 建炎谁为致中兴，武穆由来志可凭。长驱铁马知无敌，欲扫黄龙竟不能。 ——柯九思《岳武穆王墓》
明	混同江流长白东，完颜虎踞金源雄。身如长松马如阜，蹴踏黄龙城阙空。 ——袁华《完颜巾歌》 哀哉黄龙府，回首饭无钵。横流到靖康，戎流屡南跋。 ——黄云《白沟次东之金台韵》 二十比试任父职，趋役军府空仓惶。茸茸此生二十五，功名不建黄龙府。 ——刘黄裳《赠邺下王大刀挥使维藩歌》 金牌十二诏班师，痛饮黄龙愿竟违。 ——陈言《吊岳坟用壁间韵》 地阔黄龙府，云深白鹤城。伤心驴背客，吟尽未归情。 ——李晔光《高平途中》
清	可解狂呼图铁象，那能痛饮会黄龙。伤心句践兴亡地，花月茫茫天亦醉。 ——觉罗桂芳《题宋高宗中兴瑞应图》 堪叹沉冤埋碧血，独留壮魄抵黄龙。忠魂千载孤山路，细草残花满径封。 ——赵玉钗《慨松难度诸将杂诗之一》 辽金以后率堪祥，府设黄龙因见祥。地力三农真沃土，舟通百货宛江乡。 ——弘历《吉林览古杂咏》 不为君王忌两官，权臣敢挠将功臣。黄龙未饮心徒赤，白马难遮血已红。 ——林则徐《汤阴谒岳武祠》 谁提玄钺向燕云，姓氏江南草木闻。已指黄龙麾战士，何劳青雀拥回军。 ——张煌言《柬定西侯张侯服》
民国	塞上秋风悲战马，神州落日泣哀鸿；几时痛饮黄龙酒，横揽江流一奠公。 ——孙中山《挽刘道一》 金甲披来战胡狗，胡奴百万回头走；将军大笑呼汉儿，痛饮黄龙自由酒。 ——秋瑾《秋风曲》 壮别天涯未许愁，尽将离恨付东流；何当痛饮黄龙府，高筑神州风雨楼。 ——李大钊《口占一绝》 南北先朝本弟兄，无端滕薛枉争盟；不如同饮黄龙酒，手掣燕云返旧京。 ——施士杰《绝句》 誓抵黄龙聚义兵，复仇非羡帝王名；却怜逐鹿干戈起，辜负昆阳雷雨声。 ——雷昭性《哭广州殉义诸烈士》

3）社会化视角：黄龙府的符号化

（1）黄龙府成为承载中华民族价值理念的符号

从社会化的视角来说，黄龙府在使用中逐渐被赋予了特定的文化信息，成为承载中华民族价值理念的符号。

符号学是研究意义活动的学说。符号可以在使用中理据化，典型的就是"任意性"符号的理据化。例如，"关羽"这个名字，在其人物历史这个"先文本"的前提下，经过评书、戏剧、电影等长期使用，逐渐具有"忠义"这层意义。滑铁卢最初也只是一个地名，现今"滑铁卢"成为"失败"的代名词。黄龙府从南宋抗金名将岳飞"直抵黄龙府，与诸君痛饮尔"这句豪言开始，随着陆游"檄书夜入黄龙府"、孙中山"几时痛饮黄龙府"、李大钊"何当痛饮黄龙府"等文人志士对黄龙府的不断强化和传承，黄龙府逐渐演变为一个标志性符号，即敌军老巢或胜利的目的地，从而具有了文化的原型性质。文化符号对于民族文化的建构和传承具有至关重要的作用。

（2）黄龙府作为旅游资源进入神圣化阶段

在旅游学研究中，麦肯奈尔于1976年提出的符号吸引理论认为旅游资源形成是其不断神圣化的过程。结合麦肯奈尔指出的旅游资源形成的5个阶段，即命名阶段、取景阶段和提升阶段、神圣化阶段、机械复制阶段、社会复制阶段，黄龙府作为一种文旅资源，目前已经完成了前3个阶段的发展，具备了独特的名称和明确的范围，亟须通过神圣化手段达到文旅资源价值的提升。

2. 族脉分析

1）契丹族脉

（1）历史沿革

契丹属东胡族系，是历史上活跃于今河北北部至辽宁、吉林、黑龙江三省西部与内蒙古东部、北部广大地区的一个族系。925年，耶律阿保机东征渤海国，攻克扶余府。926年，耶律阿保机驾崩，皇后述律平把扶余府改名黄龙府。947年，太宗耶律德光改国号为辽。辽圣宗时，是辽国最强盛的时期，伴随着政治和经济的发展，城市也在不断地兴建扩大，当时黄龙府已经成为东北最大的城市之一。辽天庆二年（1112年），天祚帝春捺钵到黄龙府北松花江凿冰钓鱼，举行鱼头宴会，阿骨打受辱，之后加紧抗辽准备。1114年，完颜阿骨打领导女真各部，举兵反辽。1218年，蒙古大军进攻西辽，西辽灭亡。

（2）历史影响：在某种程度上成为中华民族的代称

契丹人的历史，在中国古代北方少数民族历史发展的链条中处于承前启后的重要地位。自辽朝以后，"契丹"一词风靡于世界，在某种程度上成为中华民族的代称，可见其影响之大。契丹人耶律大石从一开始跃上历史舞台就命运不济，他面临的辽国大厦将倾，人心涣散，但他却雄心万丈，企图力挽狂澜，被西方人称为"上帝之鞭"。在俄语、希腊语和中古英语中把整个中国称为"契丹"；在穆斯林文献中常把北中国称为"契丹"；中世纪从中亚直到西欧，"契丹"一直是对中国的一个通称。在他们眼中，"契丹"是古代中国的代名词。

（3）历史遗存：农安辽塔

农安辽塔是全国重点文物保护单位，是农安的标志性建筑，又称黄龙塔、龙湾塔，是辽代黄龙府遗留至今的唯一古建筑。按目前学术界通行说法，农安辽塔建于辽圣宗耶律隆绪太平三年至十年间（1023—1030年），距今已有千年历史，是我国最北端的一座佛塔。辽塔为砖砌实心、密檐式，八角13层，通高44米。此塔对研究辽代宗教和建筑艺术等具有重要价值。农安辽塔是辽代上层笃信佛教、大兴佛事的反映，也是研究辽金文化的重要实物例证。

2）女真族脉

（1）历史沿革

据我国考古学家考证，女真族在先秦时叫肃慎，汉魏之际被称为挹娄，南北朝时期自称勿吉，隋唐时期更名靺鞨。他们建立渤海国，将扶余城改为扶余府。当时扶余府是渤海国十五府之一，成为渤海国的西部军事重镇。辽朝后期，女真各部在完颜阿骨打的领导下举兵反辽，建立金国。经阿骨打三打黄龙府后，最终黄龙府为金兵所破，黄龙府成为金朝军事重镇和交通枢纽。金朝衰亡后，女真部落返回白山黑水之间。明末，女真部落再次强盛，女真将族名改名"满洲族"，建立清朝。辛亥革命后，"满洲族"将族名改为满族。

（2）历史影响

女真族是一个积极进取、开拓创新的民族。女真族创立的金朝，第一次提出了"中华一统"的口号，对统一的各民族平等的中华民族的形成起到开创性作用；金朝统治期间，还奠定了中国北方的疆域，促进了北方经济的发展，对确定后来以全现在中国北方的版图起到了奠基性作用。

（3）历史遗存：农安古城

农安古城多为夯土结构，现在大部分已被破坏掉，城内遗物散落较多。

虽然城池已经被夷为平地，但是有些古城具有防御功能的马面和角楼遗迹依然依稀可见。农安古城傍河筑垣，雄踞高地，城周土质肥沃，水源充足，自扶余筑城，已有2000余年历史。古城呈方形，四隅设有角楼，东北角楼残高7米，东南角楼残高3米，其余两个角楼稍有残痕。古城几经兵燹战乱废毁，仅地表尚存古塔1座，出土了众多文物。

6.1.3　主题凝练：民族复兴文化、辽金历史文化

1．民族复兴文化

1）文化本源：中国神话反映出中华民族不屈不挠的抗争精神

中华民族的文化本源是一个非常宏大的命题，目前学术界并未有一个统一的意见，此处引用美国哈佛大学教授大卫·查普曼（David Chapman）的一家之言，从国际的视角以窥中华民族文化本源一斑。通过研究解读中西方神话故事，总结出中国神话故事的内核——中华民族特征，如表6.2所示。

表6.2　中国神话和西方神话中关于文化本源的阐释

中国神话	西方神话
关于火的来源：在中国的神话里，火是先民们通过钻木钻出来的！这里面不但有锲而不舍的精神，也有生存的智慧	关于火的来源：在西方神话中，火是普罗米修斯从太阳神阿波罗处盗来火种送给人类的，他因此而受到宙斯的处罚，被绑在高加索山，每日忍受风吹日晒和鹫鹰啄食
遇到天灾：在中国神话里，面对洪水灾害，大禹带领人们以三过家门而不入的精神，通过艰苦的奋战，最终战胜了滔天洪水	遇到天灾：在西方神话中，面对末日洪水，信仰神的人和各种陆上生物躲进诺亚根据上帝的指示花了120年建造的一艘大船，才最终逃过这一场上帝因故而的大洪水灾难
面对困难：在中国神话里，愚公家门前有两座大山挡着路，他决心把山平掉。尽管遭到智叟嘲笑，愚公仍不畏艰难，坚持不懈，挖山不止，子孙代代相传，终于感动天地移山成功	面对困难：在西方神话中，摩西带领犹太人逃离埃及，遇到红海阻隔，面对自然的限制，上帝赐摩西神器，让摩西劈开大海，犹太人得以逃离
遭受欺凌：在中国神话里，炎帝神农氏的小女儿到东海游玩，溺于水中，死后其不平的精灵化作花脑袋、白嘴壳、红色爪子的一种神鸟，每天从山上衔来石头和草木，投入东海，誓要把大海填平	遭受欺凌：女祭司美杜莎自恃长得美丽和智慧女神比美，雅典娜一怒之下将美杜莎的头发变成毒蛇，而且给她施以诅咒，任何直望美杜莎双眼的人都会变成石像。美杜莎因此成了面目丑陋的怪物，对于任何接近她的人，她都毫不客气的发起攻击

相较西方神话对神的崇拜和依赖，中国神话表现出了中华民族不屈不挠的抗争精神。从钻木取火的敢于与自然抗争，大禹治水、后羿射日的敢于与灾难斗争，到愚公移山与困难作抗争，直至精卫填海与自身命运作抗争，抗争精神作为中华民族伟大精神内核贯穿始终。

2）历史溯源：黄龙府的复兴文化与中华民族的历史一脉相承

非仅本源如此，中华民族的历史溯源亦然。

秦始皇扫六合：战国初年，魏国武卒所向披靡，夺河西之地，逼迫秦都雍城，致使秦献公含恨而亡。自孝公始，发"赳赳老秦，共赴国难"之自强求存之宏音，商君佐之，变法革新。乃至始皇，奋六世之余烈，一统六国，开创华夏之全新帝制。

汉武帝抗匈奴：西汉初年，匈奴于白登围高祖，发信函辱吕后，迫汉庭以和亲。尔后，汉皇武帝依文景之国力，仰卫霍之将才，发愤图强，痛击匈奴，取河南之地，通河西走廊，逐匈奴于漠北，收地千里，根除边患。

唐太宗除突厥：大唐伊始，颉利可汗拥十万突厥雄兵，兵临长安，唐太宗亲提长朔立马北门便桥之前，空城疑兵，岌岌可危。但正是太宗自强之胆识，让突厥诸首领见勇皆惊，下马便拜，颉利可汗也于翌日与大唐结下白马之盟。之后，太宗远交近攻，终除突厥之患。

宋将抗夷狄：宋代军事羸弱，然而在中原板荡，夷狄交侵，国家危难深重之际，依旧涌现出了岳飞这样的英雄将领领兵抗敌，欲挽狂澜于既倒。岳飞在河南郾城大败进军，赢得了收复中原的大好局面，留下了"直抵黄龙府，与诸君痛饮耳"的千古豪言。

黄龙府文化就是中华民族的复兴文化。中华民族的文化本源在不同时期和不同地区有着不同的反映和体现，就黄龙府文化而言，这种精神更多的体现为中华民族的复兴文化。诗词文学是语言的艺术，是民族的精神与心灵史，也是文化的主要形态之一，深刻、生动地体现着中华文化的基本精神。众多关于黄龙府的诗词充分体现了中华民族的爱国情怀和不屈不挠的抗争精神，它使得黄龙府成为一种表达情感的符号。

3）当代渊源：黄龙府所代表的复兴文化极具时代特色

习近平总书记在中国共产党第十九次全国代表大会上的报告中讲到："文化是一个国家、一个民族的灵魂。文化兴国运兴，文化强民族强。没有高度的文化自信，没有文化的繁荣兴盛，就没有中华民族伟大复兴。"黄龙府文化所代表的复兴文化与民族复兴的时代十分契合，黄龙府文化是中华优秀传统文化的代表，是能够鼓舞人们的时代精神。在党中央提出民族复兴之际，发扬黄龙府文化，就是在新时代中国特色社会主义背景下，对中华民族伟大复兴中国梦的具体实践。

2. 辽金历史文化

黄龙府文化的底色是以辽金时代为主体的历史文化。在辽金时期，黄龙府是军事重镇和交通要道繁荣的集中体现，且处于中原王朝与东北少数民族激烈交锋的重要时代，古城和具有军事防御功能的城堡较多。现今遗存的主要有辽金时期的古城、军事据点，以及著名的战争遗迹。

6.1.4 文旅项目策划

1. 文旅口号：天下黄龙府，民族复兴志

用"天下"突出与西方民族国家的不同，西方国家一直是封邦建国的格局，民族国家一直延续至今。我们中华民族自战国后期便有了"天下"的概念，从而也奠定了中国大一统皇帝专制的格局，正是在这样的理念下，塑造了我国力求统一、多民族融合的民族性情。此处用"天下"两个字，正体现了黄龙府所代表的这种追求统一、民族复兴、多民族融合的特点。"民族复兴"则是黄龙府文化的内核，也与当下中华民族实现伟大复兴的时代精神相得益彰。

2. 复兴广场：复兴文化载体

复兴广场是展示复兴文化的城市广场。通过铺装、雕塑、碑刻等景观小品展现与黄龙府历史相关的复兴文化，展示现当代的民族复兴文化和中国梦。借助于革命先驱李大钊"何当痛饮黄龙府，高筑神州风雨楼"的壮丽誓言，在农安县城江边打造标志性景观——风雨楼，成为继四大名楼之后的我国"第五大名楼""北方第一楼"。

3. 辽代古塔：辽文化载体

以辽塔为核心，利用其周边区域修建辽代形制的寺庙黄龙寺，形成展示辽代文化的游览序列。辽塔南侧通过绿化及构筑物形成辽塔广场与城市道路之间的阻隔，构建视线缓冲屏障。

4. 农安古城：金文化载体

以农安古城遗址为依托，根据史料进行意向性复建，用以展示黄龙府的金代文化。古城内按照黄龙府历史记载进行建设，同时恢复辽太祖升迁殿、徽钦二帝关押处等重要节点。在游览路线上进行景观小品、铺装等设计，让游客既感受到金代历史发展的大脉络，又能通过历史上的动人小细节让游客熟悉并记住金代历史文化。

5. 实施保障：出丛书、改地名、注产权、申名镇、做规划

为推进黄龙府文化的保护和发展，规划提出五大保障措施。第一，出版丛书与论著——《黄龙府文化研究》和《黄龙府丛书》，烘托黄龙府文化氛围。第二，将农安县改名为"黄龙府区"，提升当地的知名度。第三，对黄龙府及其衍生文化产品进行知识产权注册，实现黄龙府文化品牌资源的保值增值。第四，以复建的黄龙寺、金代古城和现存的辽塔、金刚寺等历史建筑为核心，申报国家历史文化名镇。第五，开展"农安县旅游发展规划""辽塔·黄龙寺规划""金·黄龙府古城规划"具体规划的编制工作，将挖掘与凝练的黄龙府文化落到实体上，增强规划的落地性。

6.2 广西班夫人纪念公园旅游规划设计

在广西左江流域一直流传着一个壮族女子——班夫人的故事。相传班夫人主动捐粮饷，帮助马援将军平定交趾郡叛乱。她死后被左江流域的百姓奉为神灵，建庙祭祀。但班夫人的故事更多是作为民间传说流传，少有文字记载，且有关班夫人的记载并不见于正史，仅见于地方志。面对这样一种单一的历史故事，规划在深入梳理文化脉络的基础上对故事的文化内涵进行了提炼和升华。

6.2.1 文化脉络梳理

1. 地方志记载：班夫人献粮助军

东汉建武十六年（40年），交趾郡征侧、征贰起兵叛汉，自立为王，一时岭南纷扰。为维护国家统一，建武十七年（41年），光武帝拜马援为伏波将军，率兵南征。建武二十年（44年）凯旋班师。在东汉马援征交趾的过程中，广西各族民众自发起来协助汉军南征，班夫人就是其中的代表。

明朝万历《太平府志》是最早记载班夫人事迹的文献，但府志没有提到班夫人的具体姓名，只是模糊称其为"溪峒世家女"，其功绩是"兵助伏波"。

清朝嘉庆《龙州纪略》收录有明崇祯重建班夫人庙的碑记，此碑是目前对班夫人最详细的记载。《龙州纪略》中《人物志·仙释》记载班夫人为"仙释"，性格端庄灵气，死后幻化成白马。至此，班夫人生平已比较清晰，文章记载班夫人姓班名靓，凭祥班村人，是以"捐粮助师"援助伏波平南。

清朝光绪《凭祥土州乡土志·班太尉夫人考》描写班夫人形象端庄，性格纯洁，乐善好施。光绪《新宁州志》提出班夫人是交趾人的说法。

民国《龙津县志》肯定班夫人的"卫国雄心"及"输粟饷军"的事迹，赞美肯定了班夫人兵助伏波的行为，并提出班夫人的义举有助于边疆安定和国家统一。

纵观地方志的记载，虽然在很多地方存在争议，但基本都认同两点：第一，桂西南地区的历史变迁过程中，民众均强调班夫人献粮助军真有其事；第二，故事主线和核心都在证明班夫人有功于国家而得到封赐，强调班夫人是维护正统王朝，反对分裂。如表6.3所示。

表6.3 历朝地方志对班夫人的相关记载

历朝地方志	相关记载
《太平府志》（明朝万历）	"班氏夫人俗传神乃溪峒世家女，常出兵助马伏波平二贼。"
《龙州纪略》（清朝嘉庆）	"班夫人者，左江血食神也，系出凭祥土州班村，东汉马伏波将军南平交趾征侧之乱，师久粮竭时，夫人以闺阃雄怀，输粟饷军，勷马伏波成伟绩，凯旋以闻，封太尉夫人。" "班夫人名靓，凭祥班村女，幼有道术能知未来事，广储稻谷，人间之曰助饷。伏波将军征交趾，师至粮绝，夫人倾储以助，遂获济凯旋。伏波以闻，诏封太尉夫人，至今血食一方，灵应如响。"
《凭祥土州乡土志·班太尉夫人考》（清朝光绪）	"贫而好义，凡遇客常施济之，不计值。夫人幼沉静，另具天倪，飘飘然有林下风，其天性然也。"
《新宁州志》（清朝光绪）	"交趾女子班氏姐妹，其一避居山谷不肯嫁人。适汉伏波将军马援征交趾乏粮，班氏自献其屋子得以济众。"
《龙津县志》（民国）	"班氏夫人生而神异迥常人。夫人为室女而有卫国雄心，输粟饷军，助伏波成伟，凯旋以夫人功闻于朝，封为太尉夫人。事虽不载于史，而传闻于边防，人民感于交夷之乱平，非夫人之力不克臻，此世受其恩。"

2. 民间传说

1）传说一：忠贞烈女班夫人

传说东汉时期马援统兵南下卫戍保边，驱赶南蛮军的进犯。军队进驻龙州后，军粮中断无援。居住在凭祥隘口班村的一位姓班的妙龄少女闻知消息后，发动全村姐妹把多年囤积的"姑娘粮"（汉朝习俗，姑娘自种自收的粮食作为嫁妆之用，称为姑娘粮）全部装上船，并派人押送到马援军中。将士解决了温饱问题后挥戈出征战南蛮，最终成功把南蛮军驱逐出境。

一天，一位老渔翁在河里（今班夫人庙对面）撒网打鱼，捞上一条女子扎腰绣边绸带，感到惊异，马上跪在船头朝天参拜，祈求神灵保佑。出其所料，在下第二网时，网上了不少鱼，随即再下第三网，鱼儿便满满一船。随后有消息传来，说班氏不屈辱于村里的流言蜚语（有人指讽她，都说她未出门的闺女哪有这么热心，肯定行为不正，如此那般搞得满城风雨），但有口难言，无处申辩，为表清白，含恨投河身亡。渔翁闻知，当即将绣边绸带送至马援军中，把他在河里打鱼的前因后果一五一十向马援将军叙述。

马援为表敬意，修书一封呈到朝廷。皇上下旨建庙，塑像立传，并把这位忠贞烈女信奉为女神，誉为班氏娘娘。从此，人们就在班氏殉难的农历十月四日举行庙会，以表达对她的怀念。

2）传说二：班夫人与伏波将军的爱情故事

据说班夫人是凭祥人，她献米帮助伏波将军马援攻打南蛮军有功，两人一见钟情，并约定马援回朝后便来接她上京成婚。马援回朝后禀报皇帝，皇帝加封班娘娘为太尉夫人。

但马援有事不能亲自来接班娘娘进京，派了使者前来接班氏，结果被误传为皇帝要接班娘娘进宫。班娘娘愤然投丽江自尽，尸体在龙江码头江湾处打转，水冲不走，所以当地百姓便在江湾处将她安葬并立庙祭祀。马援得知班夫人死讯，郁郁而卒。

因马援与班夫人未能成夫妻即死，所以死后龙州百姓为两人立庙，隔江相望。后因20世纪80年代一场洪水冲毁班夫人庙，龙州当地百姓把它迁建于丽江南岸的伏波庙右侧，形成"东为伏波，西为班氏"的立庙祭祀格局。

3）班夫人庙与伏波将军庙：观音对韦陀，班夫对伏波

班夫人在桂边民间被供奉为与观音、韦陀、伏波齐名的四大最受尊敬的神灵之一，各朝地方志也将班夫人的功绩与伏波将军并提，并同时举行祭祀

与庙会活动，有俗谚云："观音对韦陀，班夫对伏波。"据明清两代广西方志上记载，明清时期左江流域伏波庙和班夫人庙分布呈现出对应的关系。龙州古有班夫人庙一座，在龙州丽江南岸，与北岸的伏波庙相对，也印证了两庙对应出现的说法。

6.2.2　主题提炼：祈福求愿、国家认同和民族团结

班夫人的故事反映出广西民间社会对马援南征这段历史的记忆，以及在对马援仰崇心理支配下创造出来的当地神灵。马援作为中央官员被塑造成一个在边远地区用军功护国安邦、用道德化育百姓的伟人，实质上象征着中原正统文化。古代官方力量不断推动伏波信仰地化，使桂西南地方民众接受了伏波将军为国家正统神灵身份，同时借由马援南征的历史构建出的百姓拥军人物代表——班夫人的形象也应运而生。由班夫人的历史故事升华出的班夫人信仰，代表了祈福求愿、国家认同和民族团结三重含义。

1. 祈福求愿

在左江流域，壮族百姓深信身为壮族儿女的班夫人在时刻庇护着自己，因此为班夫人庙敬献香炉等各式供具的香客络绎不绝，班夫人庙香火旺盛。民国所修《龙津县志》上卷《祀典·班夫人之祀》中记载："人民感于交夷之乱平，非夫人之力不克，臻此世受其恩，故立庙以祀之，春秋二祭，著以为例。"

2. 国家认同

班夫人维护正统王朝、反对分裂，这让班夫人信仰带上了正统色彩。班夫人义助马援的事迹被壮族人民所认同，最终成为一种集体历史记忆。

因班夫人"能福其民"，在当地百姓心中影响力很大，所以得到中央及地方对班夫人功绩的肯定与重视。地方政府深知这种忠诚对人们道德及品行的教化意义，于是在各地地方志书（包括广西志）当中予以收录，并详细记述。

3. 民族团结

在国家认同的大主题下，班夫人带领壮族人民援助中央政权的东汉王朝，谱写了一曲民族团结的赞歌。班夫人的事迹与马援南征紧紧联系在一

起，她以一介民女身份捐粮助军，表达了左江地区百姓拥护中央政权，汉壮一家亲的民族情感。

清嘉庆年间，时任龙州照磨厅丞的黄誉作了《题班夫人庙》。其中"新息建碑开殊域，助功赞烈推女坤"一句，已经把马援南征胜利的关键因素归之于班夫人的捐粮助军。以官员的身份对班夫人如此高的评价，充分表明了士绅阶层对班夫人的认同，认为班夫人的义举使马援能顺利进军，使广西地区疆陲民族团结，尽享太平，有功于国，所以才得以享祀千载。

6.2.3　文旅项目策划

规划以班夫人墓、班夫人庙的恢复与建设为重点，确定了通过三大主题和两重形象打造班夫人纪念公园的建设思路，如图6.1所示。

1. 三大主题：义助伏波、御封民祭、忠贞爱情

义助伏波主题具体通过绿化、景观雕塑、铺地等，展示淳朴的边民习俗和真挚的民族情怀。御封民祭主题主要包括整修班夫人墓、新建班夫人庙，在祭祀祈福活动中缅怀先人，延续传统。忠贞爱情主题项目重点规划白马山项目，以班夫人与马将军的神话爱情为魂，布局姻缘台、马伏波将军亭、白马亭、远望石、班夫人亭等，传唱不朽的爱情故事。

2. 两重形象：英雄圣母、壮族少女

一方面，通过班夫人庙以及班夫人祭拜大礼等形式，以两边对称的中央轴线表现手法，突出宏伟的气势，展示班夫人神圣、高高在上的"女神""圣母""巾帼英雄"形象；另一方面，通过园林小品、植物水景、情景雕塑等形式，以曲径通幽、清新自然的写意表现手法，展现班夫人活泼可爱、平易近人的壮族女子形象，如图6.2～图6.4所示。

6.3　内蒙古牙克石兴安新城南区策划

牙克石市位于呼伦贝尔市中部、大兴安岭中脊中段西坡。牙克石自然资源丰富、历史悠久、文化单一。面对历史文化单一的旅游地，规划通过文化梳理将单一文化进一步拔高拓展，形成景区新的旅游吸引力。

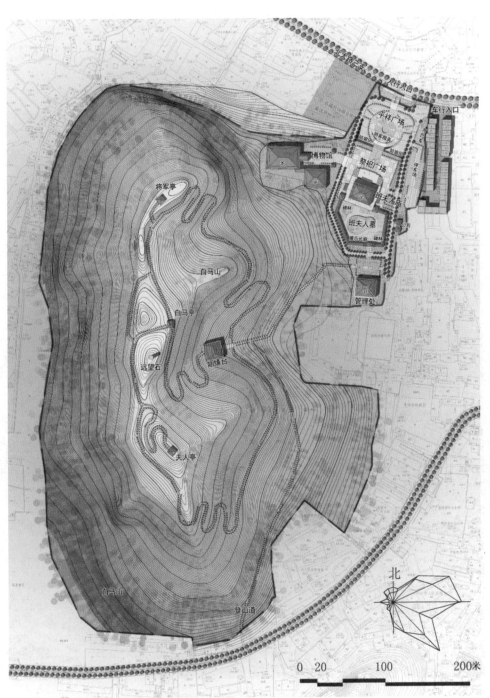

图6.1 广西班夫人纪念公园旅游规划设计总平面图

图6.2　广西班夫人纪念公园旅游规划设计意象图（一）

图6.3 广西班夫人纪念公园旅游规划设计意象图（二）

图6.4 广西班夫人纪念公园旅游规划设计意象图（三）

6.3.1　单一的历史文化

牙克石市历史悠久，文化较为单一。在距今6000年的新石器时期，雅鲁河、绰尔河流域已有人类活动。先秦属东胡地，西汉为匈奴管辖领地，东汉为鲜卑部落领地，隋为辽西室韦部落领地。自辽至清以来，政权几经更迭，大兴安岭以东（简称岭东）和大兴安岭以西（简称岭西）一直分属不同领地管辖，其文化主要受到游牧民族的影响。面对较为单一的文化，规划在梳理文化脉络的基础上对牙克石的文化进行凝练提升，赋予文化新的内涵，从而在更高的意义层面向游客展示文化。

6.3.2　文化脉络梳理

1. 地脉分析：牙克石位于草原与森林的分界线

牙克石位于草原与森林的分界线。牙克石以西是亚欧草原带，以东是亚欧寒温型针叶林带。牙克石所在区域是我国著名的大兴安岭林区与呼伦贝尔大草原唇齿相依的区域，是我国北方重要的生态屏障，同时也是森林生物群落和草原生物群落镶嵌分布的生态交错区，表现出高度的景观异质性。

2. 文脉分析：从森林走出的帝国，到森工之城

1）古代：从森林，到草原，到中原

牙克石原名"喜桂图"，为蒙古语的"森林"之意。大兴安岭孕育了东胡、鲜卑、契丹、女真、蒙古等古老民族，这些民族从森林走出，在草原壮大，有的最终发展成称霸一时的帝国。

2）近代：清代移民垦荒，俄日掠夺林业

清雍正十年（1732年），政府出于"监控蒙古，防御沙俄"的需要，开拓了海拉尔通往齐齐哈尔的军事驿路。驿路沿途设立10处台站，其中5处位于牙克石，由此带来了大量驻防移民。光绪二十九年（1903年），中东铁路通车营运，牙克石是十个铁路站点之一。随着沿边垦荒、森林工业、商业贸易的发展，大量关内移民和俄国人迁居牙克石，牙克石人口渐增并逐渐聚成市镇。20世纪30年代以后，为掠夺东北土地资源、森林资源，日本人大量移居牙克石。据1945年《满洲年鉴》记载，牙克石曾是日本开拓团移植呼伦贝尔的四个据点之一。

3）现代：森工之城

1952年10月，内蒙古自治区人民政府林业部（厅）森林工业管理局在扎兰屯成立。1953年8月，森林工业管理局由扎兰屯迁至牙克石。为满足林区开发需要，大量内地人员响应国家号召，来到林区参加生产，并在各林业局所在地设立镇政府，形成了先有林业企业，后有地方政府的历史沿革。自20世纪50年代至21世纪初，牙克石为国家提供了超过1.3亿立方米的木材，为国民经济建设做出了巨大贡献。

6.3.3 主题提炼与文旅项目策划

1. 主题提炼——历史拐点，呼伦贝尔之魂

从森林狩猎跨上草原马背，是人类文明的第一次大跨越。牙克石在满族语中的"要塞"之意也印证了它从森林到草原重要空间节点的含义。2000多年前，为求民族的生存与壮大，拓跋鲜卑从密林深处的嘎仙洞迁徙到大草原，在近200年的时光里，拓跋鲜卑渐次完成了从狩猎民族到游牧民族的转换，这是拓跋鲜卑走向历史大舞台最关键的跨越。这里也曾走出契丹族、女真族和蒙古族，他们带着兴安岭森林的充沛元气，带着呼伦贝尔大草原广袤的视野，建造了一个个草原王国。

牙克石是草原与森林重要的分界节点，也是人类历史从狩猎经济走向游牧经济的历史拐点。同时，这个历史拐点也成为呼伦贝尔的文化灵魂所在，呼伦贝尔拥有草原、森林和湖泊，而草原和森林的分界在文化发展中无疑具有最为重要的地位。据此，规划提出"历史拐点，呼伦贝尔之魂"的高度定位，围绕"呼伦贝尔之魂"文化，打造旅游核心吸引力（图6.5）。

2. 文旅项目策划——呼伦贝尔之魂文化园

打造呼伦贝尔之魂园区，按照孕育—转折—崛起—未来的时间序列，重点展示森林之源、迁徙之路、草原王国三大主题，凸显牙克石是游牧民族从森林到草原迁徙的节点的重大意义。

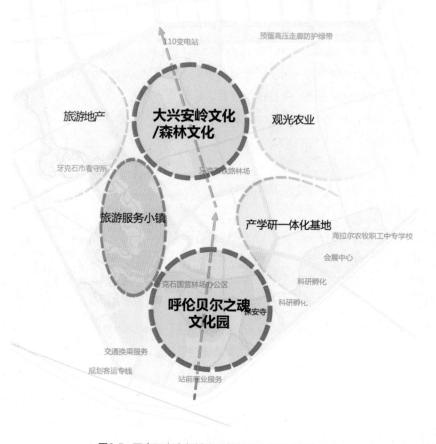

图6.5 牙克石兴安新城南区策划重点项目空间布局图

第7章 四位一体法——古城老街文旅发展规划

　　古城老街是一个地域历史文脉的载体，也是地方特色生活方式的体现。中华五千年文明孕育出了很多具有深厚文化底蕴的古城和街区。它们有的曾是王朝都城，气贯宏宇；有的是政治经济重镇，繁盛一时；有的因为拥有珍贵的文物遗迹而著称，盛名远播；有的曾是重大历史事件的发生地，是鲜活的历史见证……古城老街的保护、规划和发展是一个宏大命题，需要协调解决好诸多矛盾和难点。

　　古城老街历史遗产的开发利用经历了3次重要保护思潮。第一次保护思潮以保护单体文物建筑为基本策略。经历了文物建筑的价值还未得到广泛的认同，到保护运动逐步获得广泛的社会基础，并成为一股很重要的国际力量的过程。第二次保护思潮主要是保护历史建筑群、历史街区肌理与格局。20世纪60年代，历史文化遗产保护的对象从个体的文物建筑扩大到历史地段。这次思潮源自第二次世界大战后欧洲很多被战争摧毁的城市的重建实践，进而影响逐步增大，并达成国际共识；它先从文物建筑周围的环境开始，进而拓展到历史街区。第三次保护思潮关注在物质空间保护的基础上，保护古城老街原有的鲜活生活气息和经济活力；关注历史遗产的振兴和未来。站在城市角度来看，古城老街的历史功能已经不适应现代城市生活的需求，因此要通过提高规划和管理水平来"振兴"古城老街，处理好城市经济发展需求与遗产保护之间的关系，缓解历史功能与现代需求之间的不协调，从而为古城老街的保护和改善提供所需的经济支持。

古城老街文旅产业主要有3种振兴机制。一是传统振兴，指延续了一定的历史传统的惯性，保存有一定的传统经济活力的街区振兴，如北京香山的买卖街、前门大街和福州三坊七巷等。二是更新振兴，指历史形成的功能（如居住、工业等）已经衰退，在市场作用下自发地实现了街区部分功能和经济结构更新，而焕发出活力的街区振兴。纽约SOHO、北京南锣鼓巷、上海田子坊等是更新振兴的典范。三是变革振兴，是一种以功能和业态规划为先导的"强制性"街区功能、经济结构和产业业态的调整和重建，允许、鼓励并强化在古城老街形成新的功能。变革振兴往往针对那些短期难以实现自身经济活力的复苏街区，或者经过岁月的磨砺，在物质空间上已经不存在或遗存很好的古城老街的复建。变革振兴的采用应慎重，目前我国采用此种方式的虽有成功的案例，但也有颇具争议的案例，如成都锦里、大同古城和山海关古城等古城老街的复建。

针对古城老街的特殊性和复杂性，构建"四位一体"的振兴体系。

第一，历史文化。历史文化街区规划应以遗产保护和文脉传承为要点。一方面，应严格保护历史文物、古迹和建筑，保护好古城老街建筑肌理，传承历史记忆。另一方面，应通过对于历史大脉络和动人小细节的梳理，进一步挖掘和梳理历史文化资源，展示和弘扬古城老街的灵魂和内涵。

第二，城市空间。考量古城老街在不同尺度的定位和功能，以进行合理布局。从宏观层面判断古城定位，在中观层面明确街区定位，在微观层面对街区发展进行具体指导。

第三，产业业态。优化古城老街的业态格局。历史文化街区的文旅产业业态可分为主导业态、关联业态、更新业态、时尚业态和社区业态等，通过商业业态的引导，促进业态振兴发展。与文化历史的保护和传承密切相关的文化和经济活动成为街区的主导业态，关联业态作为必要补充。街区在发展过程中新增或调整的业态，称为更新业态，必须谨慎选择。引入当下最时尚、最具生命力且又不与古城老街的传统文化冲突的时尚业态。同时适当保留社区业态，以保持街区历史的真实性和延续性。

第四，游憩旅游。处理好本地市民游憩和外地游客旅游的关系，根据不同需求提供差异化的旅游服务产品。对于本地市民，营造舒适、鲜活的日常生活气息；对于外地游客，宜开发差异化的观光、度假和专项旅游产品，增强旅游吸引力，同时配套便捷的旅游服务，提升游客满意度和忠诚度。

7.1 北京什刹海风景区旅游发展规划

作为首都核心区的开放型景区，什刹海风景区既是知名的旅游区、文保区，也是老城生活区、休闲商业区，其发展关系历史保护、文化旅游、人居改善等诸多领域，面临高度复杂的现实条件，如图7.1所示。

7.1.1 历史文脉传承展示

1. 历史文脉梳理

什刹海坐落于中轴线西翼，是中轴线缓冲区内最具文化特色的地区之

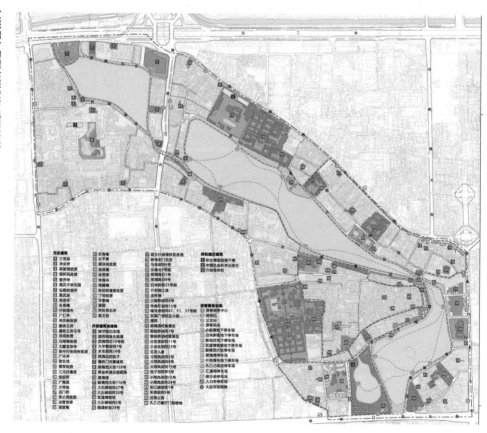

图7.1 北京什刹海风景区规划总图

一。什刹海的历史文脉资源富集，体现了不同历史阶段的不断演进和重构，也在变化中被赋予新的空间意义。元代，什刹海是北京古城营建基础和北方漕运终点码头，也是最大的商业中心。明代，园亭极多，被称为"都下第一胜区"，是民众共享的生态游赏区。清代（至中期），王府、别业和花园出现，酒楼饭庄热闹非凡，什刹海地区是皇亲贵族高品质居住区；清末，什刹海成为平民化生活空间，荷花市场、钟鼓楼等区域民俗商业繁盛兴旺。新中国成立后，什刹海河湖水系得到疏浚整治；改革开放后，什刹海被列为历史文化旅游风景区，纳入北京老城历史文化保护体系。

2. 核心价值凝练

什刹海历史悠久，人文璀璨，资源富集。通过历史文脉梳理，什刹海的文化价值可凝练为运河商贾、贵府名邸、京味民俗3大方面。一是运河商贾。什刹海是京杭大运河的北方重点码头，是繁华商业区，存有万宁桥、汇通祠等遗迹。二是贵府名邸。以胡同和四合院为代表，体现了老北京独特的传统人居形态；以古迹、府邸、寺庙祠观为承载，是北京古城的重要历史见证。三是京味民俗。侯仁之先生称"什刹海是京城最富有人民性的市井宝地"。什刹海拥有丰富的非物质文化遗产，保存着老北京的生活习俗。

3. 文化传承展示

什刹海的文化传承展示要求进一步推进什刹海景区文化资源的开放利用，加强对各类文化资源的保护，落实首都文化中心建设要求，擦亮首都文化金名片。创新发展文旅资源，形成集"解说展示""创新体验"和"文化传播"于一体的发展模式。借助景区标识解说系统硬件构建以及培训导游解说人才软件建设，提高文化解说展示水平。强调结合文物腾退保护和业态疏解更新，构建创新体验空间，包括博物馆、非遗小院、文化主题酒店、文化步道、文创街区等，如图7.2所示。强化展览展示、论坛沙龙、文化节事、国际文化交流等形式，向国内国际传播新时代什刹海景区的开放形象。

7.1.2 城市空间功能重塑

1. 中轴线区域

什刹海紧邻中轴线，是中轴线遗产系统中的重要组成部分。强化中轴

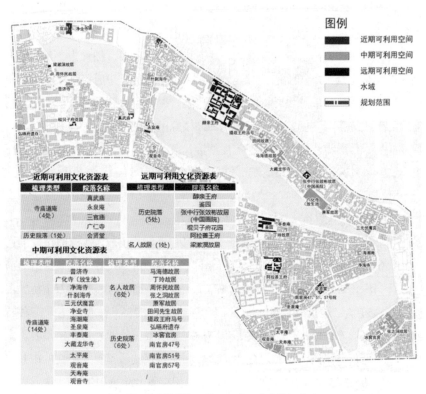

图7.2 北京什刹海风景区可腾退文化资源分布

线建设中"城水相依"的地理格局,展现区域景观轴向空间的层次和韵律。规划通过视线走廊的保护、恢复和延展,构建宏观尺度上的古城立体游赏体系。最大限度地保护和恢复"银锭观山"和银锭桥观鼓楼等视觉走廊,增加"燕京八景""西涯胜景"游憩标识解说,以景观化手段展示"银锭观山"及"燕京八景"历史文化故事。逐步开放登高游览和观景远眺服务设施,建立起汇通祠小山、望海楼、银锭桥与德胜门、钟鼓楼、景山、北海白塔之间的景观视廊联系,如图7.3所示。

2. 什刹海景区

规划什刹海景区的总体空间结构为"一环四区"。"一环"为什刹海景区的旅游核心环线,串联西海、后海、前海等重点片区以及宋庆龄故居、银锭桥、荷花市场等重要节点。"四区"分别是:西海·湿地休闲区,以湿地观光、生态休闲为核心特色;后海·历史人文探访区,突出鸦儿胡同、醇亲

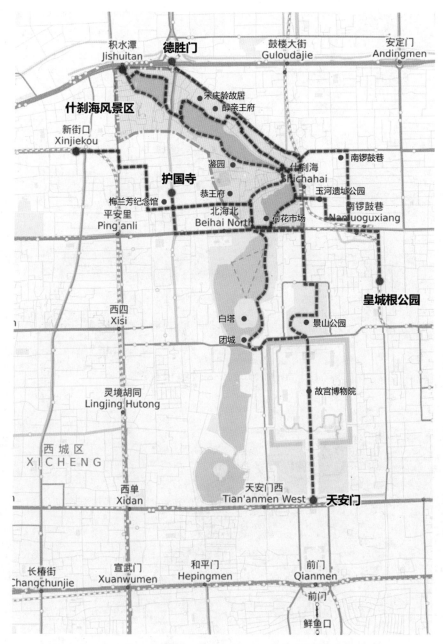

图7.3 北京什刹海风景区中轴线区域游线规划图

王府和宋庆龄故居等景点的历史人文内涵；恭王府·京味文化区，彰显恭王府周边地区丰富的市井民俗文化；前海·文化创意休闲区，依托荷花市场、烟袋斜街，重点发展文化休闲和文化创意等业态，如图7.4和图7.5所示。

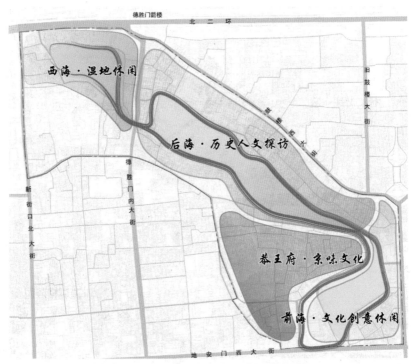

图7.4 北京什刹海风景区一环四区总体布局图

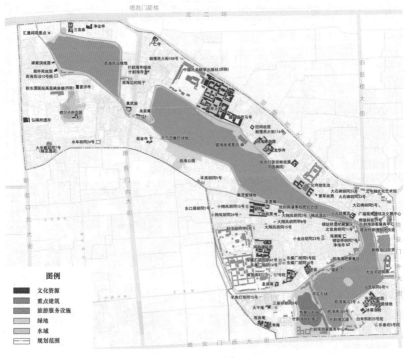

图7.5 北京什刹海风景区旅游项目分布图

3. 内部街区

通过疏解整治，提升什刹海街区环境风貌。突出环境生态化，推进建筑腾退后的绿地建设。结合特色街区和腾退民居等存量用地资源，通过创意精品化、产业化运作，将历史商贸文化与现代休闲服务有机结合，构建历史与现实对话的情境式体验空间。完善景区停车制度，鼓励景区内的企事业单位与居民错时停车。落实《什刹海街道生活性服务业规划》和百姓生活"一刻钟服务圈"要求，为什刹海社区居民提供便捷、舒适的生活服务。

7.1.3　业态有序优化更新

1. 业态现状

什刹海景区的发展应承接北京城市总体规划要求，降低人口密度、建筑密度、旅游密度和商业密度。但是景区的业态现状与使命要求不相符。第一，景区范围内存在众多非首都核心功能，居住、文保、办公、医疗、商业等功能混杂叠加；第二，商业过度集聚，景区范围内各类商业店铺约870家，以小微业态为主，主要集中于银锭桥周边、烟袋斜街和恭王府等地段；第三，景区内业态以生活服务业和一般性餐饮为主，酒吧业态比例约为8%，博物馆和文创等文化业态比例不足5%，景区传统文化特色亟待彰显，如图7.6所示。

2. 优化策略

针对类型多样的物业权属和价值，采取政府主导、企业运作、合作引导和保护利用4类模式，平衡文化公益与商业利益，并以示范项目为抓手，带动整个景区的业态疏解与更新，如图7.7所示。

配合什刹海街道的疏解工作，有序疏解景区内部的商业业态。重点整治酒吧街、烟袋斜街、荷花市场、金丝套地区、德胜门内大街、地安门外大街等区域的商业业态。针对新增加的业态，采取严控准入手段，配合差别化的租金、准入退出制度、专项补贴等措施，引导业态有序发展。合理管控酒吧业态，严控酒吧经营内容；促进烟袋斜街文化创意体验业态发展，积极创建特色商业街区。培育金丝套地区的京味民俗体验、四合院人居观光、什刹海非遗体验等业态。引导荷花市场的高品质文化休闲业态。

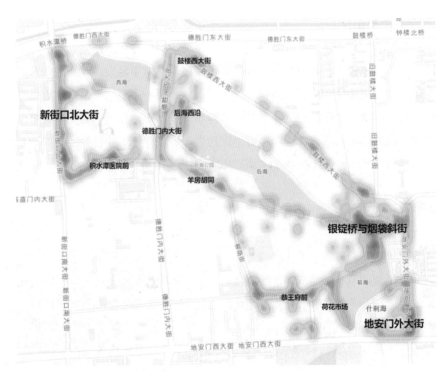

图7.6　北京什刹海风景区业态空间分布图

图7.7　北京什刹海风景区业态更新模式

7.1.4　居游共享空间构建

什刹海是中轴线区域传统四合院较为密集的地区之一。以"人民性"为宗旨，以品质生活为导向，合理划分居住与游赏空间，构建居民与游客、传统建筑与现代活动、自然与人文环境的多元共生体系，处理好生活"后台"与旅游"前台"的关系。一方面，关注民生福祉，提升胡同人家生活品质，恢复传统胡同—四合院建筑格局和尺度，推动胡同四合院环境改善。通过街区公园、口袋公园的建设，塑造生活化的社区旅游活动空间，延续遛鸟听蝈、下棋品茶、消夏弹唱、互让鼻烟等老北京传统生活方式。另一方面，点缀式嵌入度假空间。依循传统建筑风貌和历史气息，彰显古朴典雅的环境气质；打造文化主题酒店、特色民宿、私房菜馆、私家生活坊、私家书坊等度假拓展空间，展现品质居住文化，营造奢适氛围。通过引导标识的合理设置和秩序管理，建设居游共享的休闲体验空间，如图7.8所示。

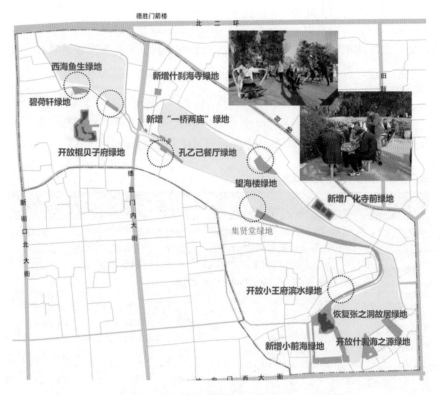

图7.8　北京什刹海风景区新增公共绿地示意图

7.2　浙江临海古城规划

临海古城位于临海市区，始建于东晋，文化资源丰富多样。规划运用了四位一体法：一是通过历史文化梳理，明确"江南名府，海上长城""一座临海城，尽揽江南史"的主题定位；二是从宏观、中观和微观3个层面对古城空间进行解构，根据不同空间特征，提出空间利用的策略；三是聚焦府城三大产业，进行商业业态分类及空间布局；四是利用老街沿街开敞空间多设置休憩空间，围绕古城墙和灵江沿线发展休闲游憩活动。创新利用古城老街空间，打造五大旅游度假产品体系。规划通过构建以上振兴体系，最终实现了临海古城的强势振兴。

7.2.1 历史文脉梳理与提炼

1. 历史文脉梳理

通过对临海古城的历史沿革和发展变迁进行梳理，突出临海古城在关键历史节点中的重要地位，为文化展示提炼精神素材。临海在西汉置县，在汉晋时期已经是边城重镇；在隋唐成为重要的造船基地，是内河商贸繁盛的港口要津；北宋时期，临海是船场和水师基地，南宋时成为柱国辅郡，文教发达；元代时临海城墙得以加固；明代成为戚继光抗倭军镇。在当代，临海是我国江南保存最完好的府城和国家级历史文化名城，如表7.1所示。

表7.1 浙江临海古城历史脉络梳理

主要朝代	历史脉络
汉晋 (边城军镇、 西汉置县)	先秦时期，临海分属瓯、越、楚地；秦属闽中郡，西汉置回浦县，东汉改名为章安县；汉末三国东吴设郡，建临海县、临海郡；孙权从临海遣兵赴台，这是我国历史上第一次对台湾的记录。东晋筑城，郡守辛景于临海大固山筑子城以拒孙恩，临海城墙雏形形成
隋唐 (海疆要津、 造船基地)	唐代，临海造船业发达，是全国14个造船基地之一。造船业促进内外航贸的兴起。对外，章安港成为台州对外贸易主要港口之一；对内，临海也成为内河商贸聚集之地。流放地：骆宾王、郑虔等流放至临海；边港：鉴真多次东渡渡口。唐诗之路：文人被流放至此，寄情山水，成就唐诗之路
两宋 (柱国辅郡、 政治经济 文化)	北宋时期，临海经济崛起，飙升为国内十大船场之一，东湖既是船场，又是水师基地。临海所属的两浙路成为北宋经济最为发达的地区。南宋定都临安，临海成为柱国辅郡，成为南迁的包括皇族在内名门望族和名臣显贵的聚集地，成为南宋王朝的重要支柱。文教得小邹鲁之美誉，临海文教盛于宋明，五宰辅四进士皆出于宋
元明清	元朝，为防汉人据城反抗，统治者要求拆毁天下城池，临海城墙因防洪功能得以保存。明代，是戚继光抗倭军镇，创造空心双层敌台，成为八达岭长城范本；文教之盛，方鸿儒等名人辈出
近代当代	解放江山的指挥部；江南保存最完好的府城；国家级历史文化名城

通过历史脉络梳理，进一步提炼临海古城的重要地位，主要有3个方面。第一，临海古城在全国的地理位置和政治地位较高，曾作为辅郡。第二，临海古城具有"海上长城"的突出地位，在全国海防功能发展历史中书写了浓墨重彩的一页。第三，临海古城的历史是能够反映整个江南地区的发展史，同时因为临海是在江南地区保存最好的古城。因此，"江南史"可作为临海针对全国市场的主题形象。

2. 主题定位与产品体系构建

根据历史文脉梳理，明确"江南名府，海上长城""一座临海城，尽揽江南史"的主题定位，构建江南名府游、海上长城游、美食购物游、休闲度假游和灵江生态游五大产品体系。

以文庙贤祠、名人故居、佛寺道观、博物馆等为依托，展示临海深厚的地方文化，展示临海作为柱国辅郡、东南邹鲁的历史底蕴。以临海长城、戚公祠等为依托，向游客讲述临海作为东南军事重镇的军事文化。以紫阳街、西大街、府前街等历史街区为依托，以休闲餐饮、特色小吃、特色购物为主要业态，集聚旅游人气。在遵循古城保护规划的前提下，以中高端客群为对象，以古城民居、历史建筑为空间载体，培育特色民宿、文化娱乐、文化餐饮等业态，发展休闲度假旅游产品。依托灵江开展生态观光、亲水游乐等活动。

7.2.2 街区空间解构与策略

街区空间是临海古城历史文化展示和体验的物质载体，规划从宏观、中观和微观3个层面提出空间利用的策略。

1. 宏观层面：府城与新城统筹布局

在保护与传承古城老街传统的基础上，以文化产业、服务产业和旅游产业为核心，实现府城城市功能与生活需求的适应协调，实现府城的强势振兴，将临海古城建设成为世界文化遗产（与全国明清城墙联合申遗）、国家5A级景区、江南古城的典型代表地、中国海防展示地。

2. 中观层面：梳理七大街区空间，明确发展方向

紫阳街定位为历史文化核心街区、休闲商业街区，重点推动紫阳宫复

建和游客中心建设。西门街的定位是历史文化街区，将东门后街作为旅游服务配套街区。规划府前街作为历史文化街区、创意文化和现代服务街区；将古城墙打造成为古城文化体验地和海防文化展示地；将墙内街建设为全新的文化、服务和旅游一体化街区。东城墙是滨水文化休闲街区、创意文化产业区。规划将灵江沿江建设为滨江休闲娱乐街区，实现"跨河发展"到"拥河发展"的转变，如图7.9所示。

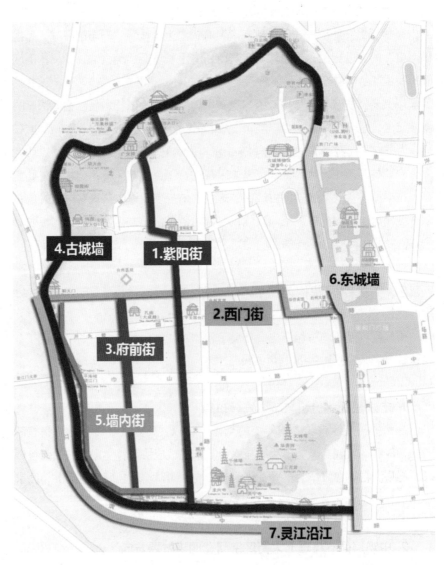

图7.9　中观层面空间解构

3. 微观层面：有针对性地提出街区改造与更新策略

对于老街区（如紫阳街），充分利用现状空地作为景观和休憩空间，同时开放非保护建筑，形成市民和游客的休憩空间。对于新改造街区，在规划之初就应充分考虑街区空间，如图7.10所示。

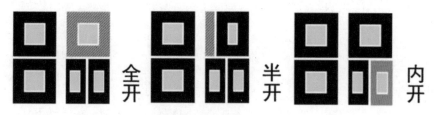

图7.10 微观层面空间解构

7.2.3 文旅商业态发展引导

1. 聚焦三大产业

临海古城主要产业包括文化产业、服务产业和旅游产业。其中，文化产业源于古城历史文化，是对古城文化的展示和传承，以及创新性发扬的相关产业。例如：牛肉碎、大米面、炒面干、灰青糕、蜜汁番薯等传统小吃；制药、酿酒等传统工艺；临海词调等文化演艺；创意旅游商品等。服务产业主要指面向市民，亦可服务游客的相关产业，如本地餐饮名店、早点连锁、东湖城墙滨湖餐饮服务、文玩店、超市、便利店、娱乐场所、银行、公交、物流配送等。旅游产业包括旅游景点、旅游餐饮、旅游住宿（如会馆、民宿、精品酒店）、旅游交通（客运、车船租赁）、旅游购物/娱乐和旅行社等。

2. 商业业态及空间布局

临海古城商业业态类型主要包括主导业态、关联业态、景点业态、更新业态、时尚业态和社区业态。根据街区产业功能定位和布局思路，规划紫阳街主要发展主导业态（传统的药铺、茶馆、酒楼等）、关联业态（文玩、小吃等）、景点业态（郭凤韶故居、紫阳宫、博物馆等）和社区业态等。墙内街以时尚业态（住宿、餐饮）为主。府前街突出时尚业态（民宿、精品酒店、餐饮）、景点业态和社区业态。东城墙和灵江沿江重点发展餐饮类时尚业态。根据产业发展阶段和特征对临海古城商业街区进行前瞻性引导，以保持文化气息和活力，如表7.2所示。

表7.2 浙江临海古城商业业态类型和内容

业态类型	阐释	内容
主导业态	与历史保护和传承密切相关的文化和经济活动，成为街区主导业态	三坊七巷南后街的印刷、裱褙、古旧书坊等
关联业态	但有时候历史遗留下来的传统商业可能数量较为有限，这时与街区或者地域历史文化相关的一些关联业态便成为主导业态必要补充	可以是延续传统业态而开设的新店，可以是街区博物馆和展览馆，也可以是传统茶楼酒肆、传统特色小吃等，如三坊七巷南后街的老字号小吃、传统茶楼、书画社展馆、寿山石雕展馆等
景点业态	历史城区中的旅游景点	包括名人故居、博物馆、宗祠庙宇等
更新业态	街区在发展过程中新增加或调整的业态	如三坊七巷的台湾购物小店、小吃店
时尚业态	促进历史文化街区在现代城市中保持经济活力，应保持一定数量的其他多元商业业态，称为时尚业态	如连锁快餐店、饮品店、音像店、时尚精品店、服装店等
社区业态	为当地居民服务的业态	如邮政、电信、超市、小卖部等

7.2.4 构建游憩和旅游产品

先憩后游，古城老街作为一个独特文旅区域的特点就在于要优先满足社区居民日常游憩需求，因为古城老街只有对当地居民有吸引力，才会有可持续的活力，也才能够据此吸引到访的外地游客。利用老街沿街开敞空间多设置休憩空间，围绕古城墙和灵江沿线发展休闲游憩活动。创新利用古城老街空间，打造江南名府游、海上长城游、美食购物游、休闲度假游和灵江生态游五大旅游度假产品体系。

第 **8** 章

陵墓两极法——
陵墓类景区开发
规划

陵墓类景区历史悠久，文化厚重，大多为文物保护单位，甚至是世界文化遗产，且陵墓类文化属性特殊，因此，陵墓类景区在文旅发展过程中面临诸多难题。一是作为重点文物保护单位，保护要求严格，在保护范围内难以进行文旅项目建设；二是陵墓本身资源单一，观赏性较差；三是陵墓自身文化属性较为特殊，挖掘符合项目地特色的相关文化及策划具有吸引力的文旅项目是难点。

针对陵墓类景区开发面临的主要问题，笔者通过多年实践经验总结和理论研究，总结形成了较为成熟的解决发展难点的陵墓两极法。陵墓两极法可从文化、空间和旅游活动上全方位解决陵墓类景区规划难点。该方法强调：首先在空间上，要严格遵守上位的文物保护规划，明确区分陵墓类景区的文物保护范围和非文物保护范围，在保护范围内以保护为主，进行适当的基础设施建设和文化遗产展示，在保护区范围外可适当进行旅游活动和服务。其次在文化上，要充分挖掘与陵墓及墓主人相关的历史事件、文物古迹、故事传说及文化艺术等，拓展陵墓类景区的文化展示内容。最后在旅游活动上，餐饮、购物、住宿、娱乐等活动内容均应在保护范围外选择合适的服务基地进行打造，游览和交通的布局要统筹考虑文保范围内外，根据保护要求进行项目设置。

下面将以西藏自治区藏王墓大景区和陕西省乾陵大景区规划开发为例，详细论述陵墓两极法在项目规划中的应用。

8.1 西藏藏王墓大景区规划

藏王墓大景区位于西藏自治区山南市琼结县东南部，临近县城中心，地理区位优良。藏王墓是西藏吐蕃时期历代赞普的陵园，已探明的23座陵墓涉及吐蕃第28代赞普至第42代赞普，历经悉补野王世系至吐蕃王朝时期，是西藏自治区境内迄今为止发现的最大的藏王墓群，也是全国第一批重点文物保护单位，已纳入世界遗产预备名录。

在藏王墓大景区规划实践中，以陵墓两极法为指导。在空间上，严格遵守《西藏琼结藏王墓文物保护规划》，打造"陵宫两极"布局模式，陵指赞普陵墓区，宫指雪村宫殿区，陵、宫2个空间采取不同的规划策略。在文化上，一方面保留藏王墓群的原真性展示，另一方面深入挖掘藏王墓相关的吐蕃文化、历代赞普文化及藏民族民俗文化等，拓展景区文化展示内容。在旅游发展上，统筹考虑文化底蕴展示和旅游产品服务需求，发展保护性游览和综合性体验2类项目，在文保范围内打造以游览观光为主的赞普陵墓区，在文保范围外打造吐蕃赞普公园、雪村民俗体验区、景区集散中心等综合性文旅体验和服务项目，丰富景区旅游产品类型，提升旅游服务品质。

8.1.1 空间上："陵宫两极"——赞普陵墓区与雪村宫殿区

藏王墓大景区在空间上以河为界，河东是藏王墓群所在，是文物保护范围的核心区域，即赞普陵墓区；河西在文保范围以外，是雪村和吐蕃时期宫殿遗址青瓦达孜宫所在地，即雪村宫殿区。规划严格遵守藏王墓文物保护要求，在空间上打造"陵宫两极"模式，即在文保范围内外采取不同的规划策略，如图8.1所示。

1. 赞普陵墓区：保护提升为主，观光游览为辅

藏王墓群所在区域均在文物保护范围内，且区域面积较大，以农田、山地和村庄为主。在该区域，规划以基础设施提升为主，以陵墓参观为辅，不进行游览体验项目建设。在赞普陵墓区，规划提出4项思路：一是将藏王墓大

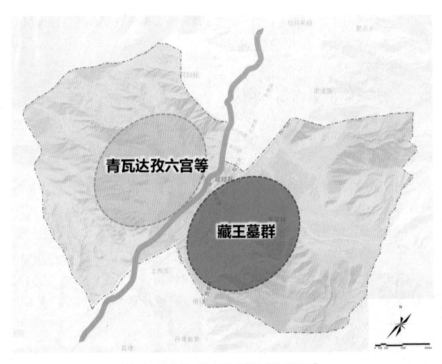

图8.1　西藏藏王墓大景区规划"陵宫两极"

景区内的过境道路改为景区内部路，便于景区整体管理和文物保护；二是建设内部电瓶车道和步行道，形成藏王墓大景区旅游大环线，串联区内各个景点，拓展旅游空间；三是结合守陵村，挖掘村内守陵故事和民俗体验，展示藏王墓守陵人文化；四是将藏王墓入口处的搬迁村打造为琼结非遗手工艺传习基地和非遗文创购物区，增加旅游购物体验功能。在文保范围内，规划严格遵守了文物保护要求，同时兼顾旅游发展需求，丰富了藏王墓区的游览体验。

2. 雪村宫殿区：打造文旅项目体验区

规划在文保范围外的河西地区，选址建设景区集散中心、吐蕃赞普公园，开发打造雪村民俗区和故都时光园，将游览体验项目集中在河西。将河西作为文旅项目规划布局重点区域，主要基于以下原因：一是将文旅项目体验区与文物保护区隔离开来，落实文物保护要求，避免因项目建设和人群密集对文物造成破坏；二是河西与河东的藏王墓群隔河相望，地理空间上比较近，便于统筹为一个大景区打造；三是河西文旅资源十分丰富，有吐蕃时期宫殿遗址、金城公主衣冠冢、特色村落、寺庙、故居、文旅街区等，有着极大的旅游发展潜力。

规划在文保范围外寻找合适的区域进行项目布局，保障了游览体验项目落实的可能性，丰富了旅游产品供给，提升了景区游览的吸引力。

8.1.2 文化上：原真性展示与深层次拓展

在文化挖掘和展示上，规划一方面保留藏王墓群对陵墓文化的原真性展示，另一方面以藏王墓赞普为核心，挖掘展示吐蕃历代赞普文化、西藏历史文化和藏民族风情文化，分区域进行藏王墓文化的原真性展示与深层次拓展。

1. 原真性展示：藏王陵墓文化

藏王陵墓文化的展示以陵墓本体环境的原生态展示和墓葬文化展陈介绍为主。藏王墓群建造于6—10世纪的吐蕃王朝时期，是吐蕃赞普家族陵园所在地，陵墓内包括23座墓葬、2块石碑、2尊石狮和1座寺庙。其中，墓葬群涉及吐蕃时期第28代至第42代赞普，其历史序列、整体格局真实完整，是目前西藏境内规模最大、等级最高、保存相对完整的墓葬群，具有极高的历史文化价值（中国文化遗产研究院，2012）。因此，规划在保护的基础上，通过游线组织、景观介绍、文化展陈等形式，真实、完整地展示藏王墓群所包含的文化内涵。

2. 深层次拓展：吐蕃赞普、西藏历史、藏民族风情

1）吐蕃赞普

深入挖掘展示吐蕃赞普文化有助于游客直观了解藏王墓的历史文化价值。规划详细梳理了吐蕃时期历代赞普文化，由于吐蕃赞普众多，游客难以记忆，规划分3个层级对众多赞普进行展示，以增强游客对藏王墓景区的认知。第一层级通过主题园区重点展示历史影响力最大的3位赞普，即松赞干布、赤德祖赞和赤松德赞。松赞干布在位期间，迎娶文成公主，促进唐蕃友好，统一青藏高原，建立吐蕃王朝，创制了统一藏文；赤德祖赞迎娶金城公主，促进了唐蕃首次会盟；赤松德赞使吐蕃疆域达到最广，并主持修建了西藏历史上第一座寺庙桑耶寺。3位赞普对西藏历史和民族友好团结产生了重要影响。第二层级通过景观节点展示次级重要赞普。第三层级展示其他赞普，仅通过石刻铭牌形式体现即可。

2）西藏宏观历史

规划通过梳理琼结县历史文化，发现琼结包含西藏几乎所有历史时期（萨迦王朝除外）的重要遗迹，因此，规划突出以小见大，梳理西藏整个重要历史阶段文化并进行展示，体现该区域厚重的历史文化底蕴。西藏共有5个重要历史时期，琼结涉及其中4个。其中，邦嘎遗址是新石器时代的古人类活动遗址；藏王墓、青瓦达孜六宫遗址、公主衣冠冢、匹播城、噶·论弓仁噶等是吐蕃时期遗址和名人；雪村、琼结宗/琼结家族、达娃卓玛故居、日吾德庆寺等属于帕木竹巴王朝时期；五世达赖喇嘛及其故居属于甘丹颇章王朝时期（张云等，2018）。因此，除萨迦王朝时期无历史遗址和相关人物外，琼结县在西藏主要历史时期均有涉及，其中吐蕃时期历史影响最为深远，被称为"吐蕃故都"，历史底蕴深厚，如表8.1所示。

表8.1　琼结县对应五大历史时期的资源分布

历史时期	对应资源
远古时期	新石器时期人类活动遗址——邦嘎遗址
吐蕃时期	青瓦达孜六宫遗址、藏王墓、公主衣冠冢、匹播城、噶·论弓仁噶等
萨迦王朝	无
帕木竹巴王朝	雪村、琼结宗、达娃卓玛故居、日吾德庆寺等
甘丹颇章王朝	五世达赖喇嘛及其故居

因此，规划以藏王陵墓文化展示为基础，延伸拓展西藏历史文化，以规划范围内各时期文化资源及相关历史事件为支撑，展示丰富的文化底蕴。

3）藏民族风情

在藏王墓大景区内，坐落着历史悠久的藏民族传统村落——雪村。雪村自帕木竹巴王朝时期就已存在，村貌和村落格局富有特色，民俗和非遗手工艺活动十分丰富。雪村的特色民居建筑、藏族名人轶事以及富有特色的民俗非遗活动等体现了浓郁的藏民族文化风情。其中，特色民居建筑以"┗"字村落格局和藏式民居为代表；藏族名人轶事以西藏第一美女达娃卓玛的故事及仓央嘉措的浪漫诗歌最为传奇；民俗非遗活动则包含手工艺、特色物产、民俗演艺3种，手工艺和特色物产有青稞酒、藏刀、藏香及琼结水晶等加工售卖，民俗演艺有国家级非物质文化遗产久河卓舞、宾顿白面藏戏等

（琼结县地方志编纂委员会，2010）。雪村文化资源丰富，民族风情特色突出，对于展示藏民族文化特色、丰富旅游体验具有积极作用。

规划深挖雪村故事传说、历史名人、特色手工艺、非遗演艺、土特产品等文化资源，重点展示地区民族风情特色，如表8.2所示。

表8.2 雪村文化资源分类

特色分类	对应资源
特色民居建筑	"卐"字格局、藏式民居、达娃卓玛故居
藏族名人轶事	达娃卓玛及其帮助乡民免除差役的故事、仓央嘉措诗歌
民俗非遗活动	青稞酒酿制、手工服饰、手工陶艺、铁器制作等
	特色物产琼结玉石水晶、青稞酒、日吾德庆寺藏香、达娃卓玛民族服饰、藏刀等
	民俗演艺久河卓舞、宾顿白面藏戏、堆巴谐钦等

8.1.3 旅游上：保护性游览与综合性体验

在旅游产业发展上，陵墓类景区更突出对陵墓保护区外围的开发利用。在核心保护区内以保护性游览为主，在保护区外进行游览项目和旅游服务的综合性体验。藏王墓大景区规划在河东保护区内打造赞普陵墓区，以保护性游览观光为主；在河西区域进行重点旅游开发，打造了吐蕃赞普公园区、故都时光园区、雪村民俗区三大文旅项目以及景区旅游服务集散中心，形成藏王墓文化旅游的综合性体验集聚区，如图8.2所示。

1. 保护性游览

赞普陵墓区以文物保护为前提，以陵墓观光为主要形式，从4个方面进行打造：一是遵从文保规划，将景区内的过境路改为内部路，加强文物保护；二是建设藏王陵墓博物馆，向游客集中展示藏王墓历史文化，通过丰富的展陈介绍加深游客对藏王墓的认知；三是完善景区交通，串联主要项目以及藏王墓周边的搬迁村和守陵村，打造藏王墓旅游大环线，丰富游客游览路线；四是打造守陵村文化体验产品，结合乡村旅游，打造藏王祭祀庆典、守陵村传统生活体验、听守陵人讲藏王墓故事、守陵人导游等活动和就业形式。

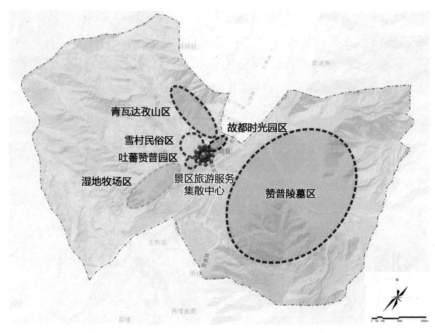

图8.2 旅游空间分布图

2. 综合性体验

1）吐蕃赞普公园

吐蕃赞普公园选址在文保范围外的藏王墓群入口处，让游客在游览藏王墓群之前先了解吐蕃时期的历代赞普。

由于藏王墓吐蕃赞普众多，游客难以记忆，因此，赞普公园分3个层级展示吐蕃赞普（如图8.3所示）。第一层级是遴选最具影响力的松赞干布、赤德祖赞和赤松德赞3位赞普，打造三大赞普主题园区，通过情景雕塑、景观墙、室内展馆、休闲体验设施等形式，具象展示三大赞普重要历史事件；第二层级是通过重要景观节点展示聂赤赞普、止贡赞普、芒松芒赞、赤德松赞和朗达玛五位赞普；第三层级是以石刻铭牌方式展示其他众多赞普。

此外，沿吐蕃赞普公园至藏王墓区域打造一条景观轴线，通过景观轴线的引导，使吐蕃赞普公园成为游客游览藏王墓群的前序，让游客在进入藏王墓前就对赞普历史文化有一定了解，并以此优化藏王墓大景区游览产品单一的现状。

2）故都时光园区

故都时光园选址在河西雪村北侧，以西藏各历史时期遗址遗迹和名人轶事资源为依托，展示西藏宏观历史脉络，打造开放式文化游览主题区。

故都时光园通过"邦嘎地雕—青瓦达孜文化馆—凉州会盟路—琼结家

主题分区	松赞干布		赤德祖赞		赤松德赞			
景观节点	聂赤赞普	止贡赞普		芒松芒赞		赤德松赞		朗达玛
石刻铭牌	天赤七王	布德贡杰	地列六王	八德王	杰多日龙赞	赤赞南木	赤扎邦赞	赤脱赞	拉脱脱日年赞
	聂赤松赞	仲年德如	达日年赛	囊日论赞	赤都松赞	牟尼赞普	赤祖德赞	……	

图8.3 吐蕃赞普公园层级展示吐蕃赞普示意图

族—五世达赖故居"等项目的打造,以小见大,展示西藏5大主要历史时期——远古时期、吐蕃时期、萨迦王朝、帕木竹巴王朝、甘丹颇章王朝的发展脉络,突出吐蕃王朝,打造开放式的故都时光休闲区,展示琼结作为吐蕃故都的前世今生。

3)雪村民俗区

雪村民俗区以青瓦达孜山脚下的雪村为载体,深挖雪村故事传说、历史名人、特色手工艺、戏曲演艺、土特产品等资源。重点突出4个特点:一是恢复雪村"卐"字格局,通过民居街道改造、街巷绿化、夜景照明等手段,打造"卐"雪村标志性景观;二是以达娃卓玛故居为依托,以仓央嘉措赞美达娃卓玛的诗歌为支撑,构建西藏第一美女"达娃卓玛"IP;三是打造多个不同主题街区,将非遗手工艺、特色物产、风情民宿和藏式地道美食主题化融入"卐"字格局街区,开发琼结特色民俗资源;四是重视发展夜间演艺经济,以达娃卓玛的故事为蓝本,策划打造短时间夜间灯光秀。

4)景区旅游服务集散中心

景区旅游服务集散中心近期以琼结河西侧的现状旅游服务点为主,重点完善旅游咨询、票务服务、投诉建议、休憩等功能,作为藏王墓大景区游客集散的主要场所。远期考虑在吐蕃赞普公园入口处新建景区集散中心,引导游客在此进行交通换乘和旅游咨询,作为连接藏王墓大景区河西和河东的重要节点。

8.2 陕西乾陵大景区规划

乾陵是我国历史上唯一的女皇帝武则天与其夫唐高宗李治的合葬陵，是唯一一座保存完整的唐代帝陵。乾陵选址与建制是唐代帝陵典范，确立了唐代帝陵制度，对唐以后各个时期帝王陵墓制度产生巨大影响。乾陵是我国重点文物保护单位，具有申报世界遗产的价值，已经列入丝绸之路申遗目录。在本案例中，规划采用陵墓两极法，在空间上提出陵城双核的大景区发展模式，为文物类景区保护和旅游开发利用开辟了一条新思路。在文化上，一方面恢复传统帝陵拜谒序列，另一方面拓展开发唐文化，丰富乾陵景区游览体验内容。在旅游上，乾陵保护区内继续保留传统的观光拜谒形式，保护区外打造奉天古城、大唐小镇等唐文化深度体验项目，塑造乾陵旅游吸引力。通过以上路径，规划有效解决了乾陵文物有限利用与缺乏旅游吸引力的问题，如图8.4所示。

8.2.1 空间上：陵城两极——乾陵核心保护区与奉天古城

为协调乾陵文物保护和乾县旅游发展的双重需求，规划在空间上提出"陵城两极"。"陵"即乾陵核心保护区，指将以主陵、神道下官、陪陵为主的乾陵文物保护区确定为乾陵景区核心保护区；"城"即奉天古城区域，将保护区范围外以奉天古城为主的区域确定为乾陵文化旅游区，形成前者以保护为主，后者以利用为主的"陵城双核心"的乾陵大景区发展模式。乾陵核心保护区也是乾陵遗址考古公园，保护区内严格遵循遗址公园保护要求。乾陵文化旅游区内以唐文化、市井民俗文化休闲体验为主。陵城两大品牌互为补充，相得益彰，共同促进乾陵景区的可持续发展，如图8.5所示。

8.2.2 文化上：原真性展示与唐文化拓展

1. 原真性展示：恢复传统帝陵拜谒序列

目前乾陵景区入口位于双乳峰和主陵之间，访客到达景区后直接进入主陵参观，导致游览参观缺乏序列性。规划重新梳理乾陵大景区的文化游览脉络，恢复了传统帝陵拜谒序列。将景区入口设置在奉天古城（乾县县城，也是乾陵历史上的守陵城），引导游客先到古城停车换乘，游览完古城后再通

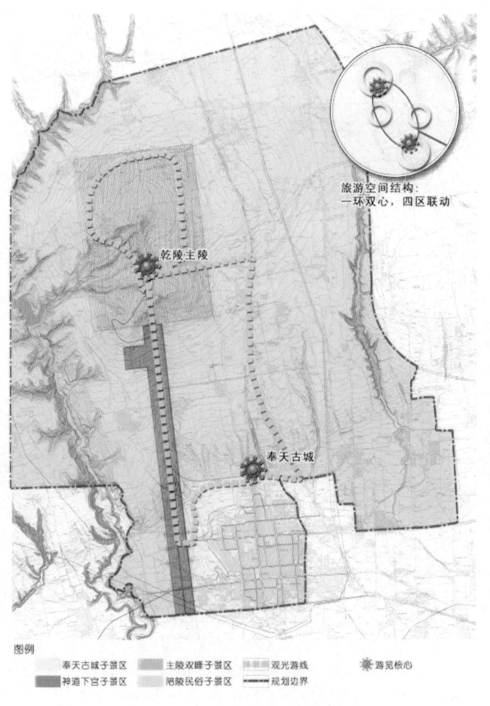

旅游空间结构:
一环双心,四区联动

乾陵主陵

奉天古城

图例
奉天古城子景区　　　主陵双峰子景区　　　观光游线　　　游览核心
神道下宫子景区　　　陪陵民俗子景区　　　规划边界

图8.4　陕西乾陵大景区空间结构图

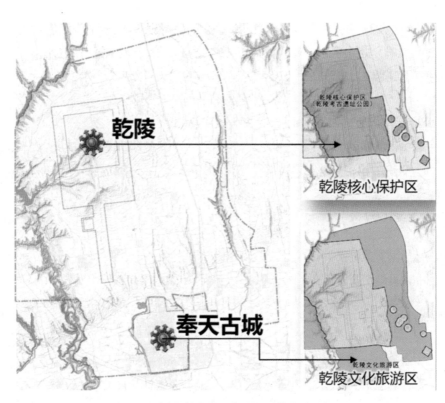

图8.5　陕西乾陵大景区"陵城两极"空间分布

过神道进入乾陵核心保护区，形成"奉天古城—神道/下官—双峰—主陵—陪陵/民俗村—牡丹花田—奉天古城"的环形游览序列。联动陵城，促进乾陵大景区发展，如图8.6所示。

2. 唐文化拓展：展示大唐皇家文化与市井文化

规划严格遵守乾陵遗址公园保护要求，将大唐文化集中展示在乾陵保护区范围外的奉天古城区域。为解决乾陵厚重的历史文化难以通过历史遗迹进行全面展现的困境，以及游客评价乾陵"没什么可看的"这一现实问题，规划将帝陵文化拓展为大唐文化，并进一步挖掘梳理大唐皇家文化和市井文化，作为保护区外围文化体验的核心内容。大唐皇家文化的挖掘展示主要从皇家休闲角度出发，体现女皇牡丹文化、大唐霓裳歌舞文化及皇家马术运动文化等；大唐市井文化展示唐代百工百匠技艺、乾州小吃、商业贸易、戏曲艺术等盛唐时期民间生活百相。通过对唐文化的拓展展示，解决了乾陵游览内容单一的问题。

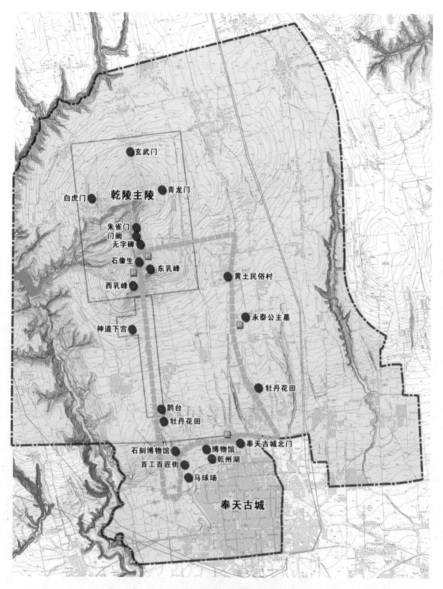

图8.6 陕西乾陵大景区拜谒序列

8.2.3 旅游上：观光拜谒与唐文化深度体验

1. 观光拜谒：乾陵核心保护区（乾陵遗址考古公园）

在乾陵核心保护区即乾陵遗址考古公园内，严格遵守保护要求，遵循遗址公园规划，不从事其他可能对文物产生不良影响的体验活动。

2. 唐文化深度体验：奉天古城/大唐小镇

乾县在历史上是作为乾陵守陵城的奉天古城，在文化脉络上是乾陵不可分割的一部分。因此，规划将奉天古城区域作为乾陵大景区的重要组成部分，打造乾陵文化旅游区，承担景区旅游服务和文旅项目体验功能。对乾陵文化旅游区的打造，主要体现在两方面：一是保护和修复奉天古城；二是在古城西侧规划建设大唐小镇项目，延续古城脉络，承担文化休闲游憩功能。

奉天古城作为唐代历史文化名城，是体现唐文化的重要载体。由于古城内保存至今的唐文化遗址遗迹较少，无法展现唐文化历史风韵，规划对古城格局进行了保护与修复，恢复了文庙、城隍庙、钟鼓楼、兴国寺及乾州小吃街等重要历史节点，再现唐代古城韵味。

由于古城现存的历史建筑和遗迹较少，难以承担展示乾陵历史文化的重任，规划提出在奉天古城西侧建设村落形态的"大唐小镇"，延续奉天古城脉络，并将其打造为系统、完整展示乾陵厚重历史文化的重要平台。小镇打造了乾陵会展中心，展示武则天、李治和乾陵本身的历史及典故，通过石刻博物馆展示唐代石刻文化，通过马球场再现唐代皇室嬉戏文化，通过百工百匠街区展示唐人市井文化，以及通过古城墙遗址公园展示守陵城的历史底蕴。古城及其周边的大唐小镇，整体展现了乾陵厚重的历史文化背景，为游客提供了深度体验大唐文化内涵的重要游览载体，延长游客停留时间，提升乾陵景区吸引力，如图8.7所示。

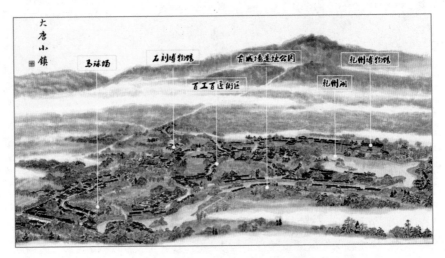

图8.7　陕西乾陵大景区大唐小镇示意图

第 **9** 章

主题凝练法——
红色文化与旅游
融合

红色文化是在革命战争年代，由中国共产党党员、先进分子和人民群众共同创造并极具中国特色的先进文化，蕴含着丰富的革命精神和厚重的历史文化内涵。发掘和利用红色文化独特的价值功能，不仅有利于坚持社会主义核心价值体系的实践性，而且对传承和弘扬具有中国特色和世界影响的红色文化具有重要的促进作用。

党中央对红色旅游发挥的作用、红色旅游设施建设和红色旅游承担的价值使命提出明确要求。首先，发展红色旅游要把准方向，核心是进行红色教育，让干部群众接受红色精神洗礼。其次，红色旅游设施建设要接地气，不要形式化，不要追求高大全，可以通过传统教育带动旅游业发展，但不能失去红色旅游的底色。最后也是最为重要的，要注重红色传统和红色基因的传承，不能忘记过去，不能忘记为什么出发，要牢记初心与使命。

红色文化与旅游的融合应致力于彰显红色文化价值，弘扬社会主旋律，在时代的高起点上推动文化内容形式、体制机制、传播手段创新，解放和发展文化生产力。红色旅游发展至今主要包括3个阶段：第一阶段是2004—2010年，2004年中共中央办公厅、国务院办公厅印发《2004—2010年全国红色旅游发展规划纲要》，正式提出"红色旅游"，要求加快红色旅游发展，使之成为爱国主义教育的重要阵地。第二阶段是2011—2015年，发布《2011—

2015年全国红色旅游发展规划纲要》，并将中国近现代历史时期有重点地纳入红色旅游范围。第三阶段是2016年至今，发布《2016—2020年全国红色旅游发展规划纲要》，提出要实现红色旅游持续健康发展，为实现"两个一百年"和中华民族伟大复兴的中国梦做出积极贡献。

下面将以《甘肃华池南梁革命根据地红色旅游景区规划》和《西柏坡景区整体提升规划》为例，详细论述主题凝练法在红色文化与旅游融合中的应用。

9.1 甘肃华池南梁革命根据地红色景区规划

甘肃华池是红色文化积淀深厚的革命老区县。以刘志丹、谢子长、习仲勋为代表的老一辈无产阶级革命家在南梁创建了西北最早的红色政权——陕甘边区苏维埃政府，开辟了陕甘边革命根据地，为中国革命的胜利做出了卓越的贡献。规划围绕"两点一存"主题定位，通过打造标志性主题景观，深入开展红色教育，实现了红色文化与旅游的融合。

9.1.1 鲜明的主题定位——"两点一存"

华池南梁在中国革命史上的重要地位突出体现为"两点一存"：一是陕甘边革命根据地是党中央和中央红军长征的落脚点；二是八路军抗日的出发点；陕甘边革命根据地是土地革命战争后期"硕果仅存"的完整革命根据地。

在华池红色景区具体规划操作中，以南梁（全国百个红色旅游经典景区之一）为主体、以中国人民抗日军事政治大学和军民大生产等红色旅游资源为补充，打造红色旅游集群。

9.1.2 标志性主题景观——展现南梁"两点一存"历史意义

规划将南梁"两点一存"的深刻意义和悠久历史，转化成现代游人可感知、易理解的"红飘带"，配合叙事性轴线和大地景观进行展现，从而唤起游客内心的崇敬之情，避免了"广场+纪念馆"或"轴线+纪念碑"等常见红色旅游景区建设模式所带来的说教感。

南梁红色旅游景区详细规划以西北地域文化的"腰鼓"为原型，加之鼓身两侧的红飘带形成主题游览线路，暗合"长征是地球红飘带"的浪漫隐喻。两条"红飘带"串起"两点一存"主题广场（见图9.1）、南梁革命纪念馆、陕甘边革命根据地旧址3大核心景点，形成"序曲—展开—高潮—尾声"的宏大史诗和游览节奏，如图9.2所示。

图9.1"两点一存"主题广场景观墙

西侧红飘带是序曲，再现红军两万五千里长征路线，精选湘江之战、遵义会议、北渡金沙江、飞夺泸定桥、翻雪山过草地等重要历史事件做景观展示，凸显长征的艰苦卓绝，突出南梁作为"长征的落脚点"的珍贵意义；随后"两点一存"主题广场和南梁革命纪念馆则对整段历史进行介绍，广场中央的长征地图、两侧的浮雕墙、纪念馆的展陈，生动直观地表现了南梁作为"硕果仅存"的革命根据地的历史地位；而后游客进入南梁陕甘边革命根据地旧址，触摸圣地、瞻仰先烈，崇敬之情油然而生，达到游览的高潮；尾声则是游客通过东侧红飘带回到起点，东侧红飘带重点展现"八路军抗日出发点"主题，精选模范支前、军民大生产、踊跃参军、奔赴太行等诸多人性化细节，展现军民合力抗战的伟大篇章，让游客充分回味，让敬意持续发酵，如图9.3和图9.4所示。

"抗日战争的出发地"主题景观轴，以抗战"出发地"为核心主题，沿轴线设置主题雕塑、主题景观墙等多种景观元素，向游客展示陕甘边革命根据地作为红军抗日战争出发点的重要历史意义。

9.1.3 深入开展红色教育——深挖红色历史，讲好红色故事

规划将南梁设计为红色旅游小镇。改造南梁现有街道和建筑，建筑风格仿照革命时期陇东窑洞，景观运用革命符号进行整体设计，营造红色文化氛

围。规划建设游客接待中心、红色主题酒店、红色演艺中心等配套设施，增加纪念品销售、土特产销售、主题餐饮、革命小雕塑、红色文化小广场、红色文化签名墙等，完善景区旅游功能。

规划还包括周边中国人民抗日军事政治大学文化景区（见图9.5）、军民大生产景区（见图9.6）等节点。采用场景再现、大地景观、文化体验等方式，进一步展现华池众多红色历史事件，兼顾爱国主义教育主题和现代游客多元喜好。运用当代设计手法演绎红色文化。南梁景区的红飘带重走长征路、军民大生产景区的大地景观彩田、抗日军政大学第七分校旧址的抗战实景体验等，创新了红色旅游展现形式，寓教于乐、寓教于游。

在有效保护和恢复革命遗迹、保护和提升生态环境的基础上，充分发掘南梁自然和人文资源优势，开发以红色旅游、文化旅游为核心，生态旅游、乡村旅游、度假旅游相配合的旅游产品体系，将南梁革命纪念馆景区建设成为：集中体现"陕甘边区苏维埃政权"以及"两点一存"革命历史意义的红色旅游景区，陕甘边革命根据地的纪念中心，延安红色旅游环线上的重要节点，庆阳市红色旅游的核心，国家重点爱国主义教育示范基地，国家4A级旅游景区，全国著名红色旅游示范乡镇。

南梁革命纪念馆景区建设以"两点一存"为核心思想，通过景点建设表现陕甘边革命根据地作为红军长征落脚点、八路军抗日出发点、"硕果仅存"革命根据地的历史地位。以红色旅游为主导，结合南梁荔园堡古城的悠久历史开展历史文化游；结合南梁山水环境开展绿色生态游；结合历史故事建设实景体验型旅游项目，为游客提供丰富的游览内容和互动项目。景区建设充分发掘景区革命历史故事，采取多样化的展示手法，如多媒体、声光电结合展示、户外景观小品展示等，增加游客参与和体验的内容，形成互动式的游览方式，以增加景区的吸引力，如图9.7所示。

陕甘边（南梁）革命历史陈列馆位于"两点一存"主题文化广场东侧，建筑面积约8000平方米，是一个集合革命元素符号、陇东窑洞建筑元素以及现代建筑设计元素的现代化陈列馆。陈列馆外立面以米黄色石材为主，可以更好地表现陇东建筑的特色。以展示陕甘边革命根据地作为红军长征落脚点、八路军抗日出发点、"硕果仅存"根据地为主题，通过纪念刘志丹、谢子长、习仲勋等革命先辈，用多种方式向游客讲述陕甘边革命烈士的英雄事迹，兼设计大量文化展示空间。除展陈功能之外，陈列馆还具备收藏、研究、教育、交流等全方位的综合功能，以及相应的配套设施，如图9.8所示。

图9.2 甘肃华池南梁革命根据地红色景区平面图

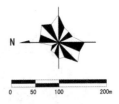

N

0   50   100   200m

图 例

1. "两点一存" 主题文化广场
2. "两点一存" 主题雕塑
3. 陕甘边革命根据地南梁纪念馆
4. 根据地版图及长征路线地面浮雕
5. "红飘带" 红军长征主题景观路
6. "抗日战争的出发地" 主题景观轴
7. 戏台及草坪观演场地
8. 星辉景观节点
9. 荔原堡古城门楼
10. "模范支前的大后方" 和 "抗战胜利" 节点
11. 游客服务中心
12. 荔原堡古城墩遗址
13. 荔原堡古城墙及烽火台
14. 荔原堡山顶观景阁 (南梁革命灯塔)
15. 南梁英雄纪念碑
16. 陕甘边区苏维埃政府成立会场及阅兵台
17. 陕甘边区苏维埃政府旧址
18. 廉政教育纪念馆
19. 南梁红26军纪念园
20. 红26军 "军徽广场"
21. 红26军文化故事景观墙
22. 红26军英雄事迹故事长廊
23. 红26军纪念林园
24. 游击战体验区
25. 红色主题餐饮区
26. 南梁红湖
27. 南梁红桥
28. 湖中岛观景亭
29. 滨水茶室及游船码头
30. 山上观景亭
31. 阶梯花田
32. 景区接待中心
33. 景区管理中心
34. 入口标志景观
35. 生态停车场
36. 红色服务一条街
37. 龙王庙
38. 陇东民俗农家乐
39. 南梁幼儿园
40. 南梁派出所
41. 陇东民俗风情园
42. 列宁学校
43. 列宁小学遗址展览馆
44. 红色教育主题景观节点
45. 滨水绿地公园
46. 新农村文化广场
47. 南梁行政办公中心
48. 法庭、司法所
49. 南梁卫生院
50. 南梁农村信用社
51. 南梁电信所
52. 南梁工商所
53. 村委会、文化站
54. 服务用地
55. 南梁客车站
56. 农贸市场
57. 新农村商业街
58. 新农村居住区
59. 新农村活动绿地
60. 南梁兽医站
61. 移动公司

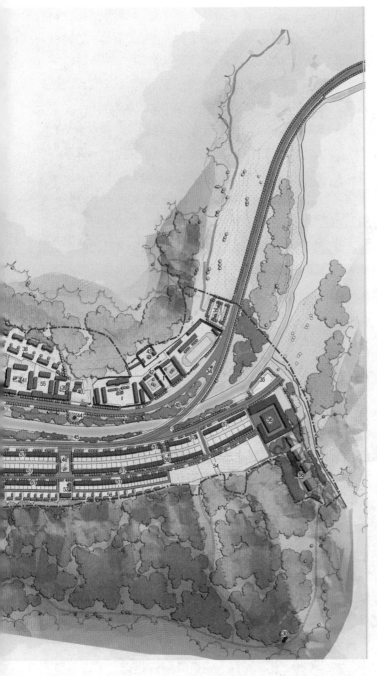

方法篇

第 ⑨ 章　主题凝练法——红色文化与旅游融合

图9.3 "红飘带"红军长征主题景观带效果图

图9.4 "红飘带"红军长征主题景观带建成图

图9.5 中国人民抗日军事政治大学文化景区整体鸟瞰图

图9.6 军民大生产景区整体鸟瞰图

图9.7 南梁革命纪念馆建成图

图9.8 陕甘边（南梁）革命历史陈列馆

9.1.4　展现人性的光辉

传承红色意识，铭记光辉革命精神。红色文化在近百年的历史中孕育了丰富的物质文化、制度文化、精神文化、行为文化和符号文化，是对中华民族优秀传统文化传承与发展的结果，是中国共产党根据国情和实际做出的正确历史抉择和现实推进。传承红色文化，可以让我们对历史保持清醒的认识，不忘屈辱过去，铭记光辉革命精神，其丰富的精神内涵能够帮助我们形成正确的价值观、人生观、世界观，指导我们更好地认识世界、改造世界。让我们不断提升文化自信，将红色文化传承下去，革命精神发扬出来，中国梦建造并实现起来。

面向群众是南梁精神的根基，充分体现了中国共产党伟大革命精神的根本特征。群众路线是我们党的生命线和根本工作路线，我们党一贯主张并坚持走群众路线。历史和现实都告诉我们，面向群众、密切联系群众，是党的性质和宗旨的体现，是中国共产党区别于其他政党的显著标志，是中国共产党革命精神的根本特征，也是党发展壮大的根本原因。在陕甘边革命根据地，无论是红军，还是苏维埃政府，都把维护和实现人民群众利益作为革命的根本目的，坚定不移地走群众路线，紧紧依靠群众，真诚关心群众，始终与群众打成一片，让人民真正当家做主，形成了"只见公仆不见官"、政清人和的生动局面。这与陕甘边的党组织和红军紧紧扎根于人民群众之中是分不开的。毛泽东到陕北后，非常赞赏陕甘边革命根据地的群众工作，赞扬刘志丹是"民族英雄、群众领袖"，谢子长是"民族英雄""虽死犹生"，习仲勋"是群众领袖，是一个从群众中走来的群众领袖"。这是毛主席对南梁精神主要创立者的高度评价，也是南梁精神历史贡献的生动写照。

求实开拓是南梁精神的精髓，充分体现了中国共产党伟大革命精神的核心要义。求实是马克思主义的根本观点，是中国共产党人认识世界的根本要求。开拓是改造世界的必然要求，是人类社会发展进步的重要手段。求实开拓是贯穿党的全部实践、全部理论的一条基本脉络，也是中国共产党革命精神的核心要义。陕甘边革命根据地领导人经历了许许多多的失败，但他们从当地实际出发，吸取教训，解放思想，创造性地提出红、白、灰"三色"建军思想和"狡兔三窟"式的游击战略，以及区域相互配合、共同发展开辟革命根据地的思想，终于成功创建了陕甘边革命根据地。

文旅融合的理论探索与规划实践

9.2 西柏坡景区整体提升规划

西柏坡位于河北省石家庄市平山县，是全国著名的五大革命圣地之一，中宣部命名的爱国主义教育示范基地和国家5A级景区。

西柏坡景区规划以提升整体环境为目标，严格落实红色旅游发展要求和政策，重点通过明确西柏坡红色旅游主题、打造红色标志性景观、深入开展红色教育、带动乡村全域发展等方式提升西柏坡景区现状，如图9.9所示。

图9.9　西柏坡景区总体鸟瞰图

9.2.1 鲜明的主题定位、精神内涵、核心价值

1. 主题定位：新中国从这里走来

西柏坡是解放战争时期中央工委、中共中央和解放军总部的所在地，是党中央进驻北平解放全中国的最后一个农村指挥所。1949年3月23日，中共中央和解放军总部离开西柏坡赴北平，所以说"新中国从这里走来"。"新中国从这里走来"后来也逐渐成为西柏坡革命圣地的主题。

2. 西柏坡精神："两个务必"

西柏坡时期的伟大实践，不仅为建立新中国奠定了物质基础，还孕育形成了以"两个务必"为核心的西柏坡精神。"两个务必"精神是毛泽东同志于党的七届二中全会上提出的，要求"务必使同志们继续地保持谦虚、谨慎、不骄、不躁的作风，务必使同志们继续地保持艰苦奋斗的作风"。两个务必的提出，为中国共产党夺取全国政权后经受住执政考验做了充分的精神准备，其思想意义和历史意义十分深远。伟大实践孕育伟大精神内涵，西柏坡精神是党员干部进行培训教育和接受红色精神洗礼的重要载体。

3. 核心价值：土地会议、三大战役、七届二中全会

党中央在西柏坡时期核心价值体现为：召开了中国共产党全国土地会议，通过了《中国土地法大纲》，实现了"耕者有其田"；指挥了辽沈、淮海、平津三大战役，决定了中国的命运；召开了党的七届二中全会，描绘了新中国宏伟的蓝图。

西柏坡时期的土地改革，消灭了封建与半封建剥削制度，满足了无地少地农民的要求，激发了农民革命和生产的积极性，农民的支持成为解放战争迅速取得胜利的一个可靠保证。党中央和毛主席在西柏坡指挥了三大战役，这是我军在战略进攻阶段与敌人主力进行的战略决战，国民党赖以维持其反动统治的主要军事力量基本上被消灭，三大战役的胜利奠定了人民解放战争在全国胜利的基础。七届二中全会描绘了革命胜利后建设新民主主义社会的蓝图，会议所做出的各项政策规定，不仅对迎接中国革命的全国胜利，而且对新中国的建设事业，都具有巨大的指导作用。

9.2.2 标志性主题景观：强化红色圣地氛围

西柏坡景区现有的标志性景观是以西柏坡纪念馆为背景的五大领袖雕像。为进一步强化红色圣地氛围，规划打造了自北部入口延伸至南部水面的景区景观轴线，并沿轴线设置了系列展示西柏坡重要历史事件的标志性景观，以强化圣地氛围，如图9.10所示。

图9.10 西柏坡纪念馆南侧轴线景观效果图

西柏坡系列标志性景观的打造主要包括4个部分：第一部分是入口处的西柏坡大地艺术景观。该景观是在景区入口的北部山体上设置红色星火和红色飘带，打造日夜可观的山体景观，红色星火由山体上规则摆放的五角星标志形成，红色飘带则由登山步道两侧挡墙形成，兼具实用性和美观性（见图9.11）。第二部分是景区中部西柏坡纪念碑。通过山体环境整治，纯化植被、简化场地元素，营造山体对纪念碑视觉上的烘托效果，强化纪念碑的标志感（见图9.12）。第三部分是纪念馆西南方向山体上新建的三大战役纪念馆。通过新建的三大战役纪念馆，强化西柏坡核心价值，同时将其作为景区红色标识系列近水区域的小高潮。第四部分是景区最南端水面上的胜利喷泉。该喷泉是红色标识序列的终曲，寓意红色革命的胜利。

图9.11　西柏坡大地艺术景观效果图

图9.12　西柏坡纪念碑效果图

9.2.3　深入开展红色教育：系统梳理红色历史，讲好红色故事

　　规划对大时代背景下的历史脉络和西柏坡历史事件进行了梳理，将西柏坡重要历史事件置于国家发展层面进行深入解读。挖掘出西柏坡的重要历史价值，构建了完整的叙事序列，并在空间上形成叙事主轴，通过西柏坡拥军小唱乐谱、"选址西柏坡"地景模型、三大战役电报墙、土地会议纪念场

景、"两个务必"警示碑以及赶考之路等景观小品、室外展陈讲述西柏坡的红色故事，如图9.13所示。

图9.13　三大战役电报墙和战事墙效果图

1. 梳理西柏坡时期重要历史脉络

西柏坡时期是指从1947年5月中央工委进驻西柏坡到1949年3月中共中央和解放军总部离开西柏坡的这段时期。其间，党中央在西柏坡召开了中国共产党全国土地会议，通过了《中国土地法大纲》，实现了"耕者有其田"。《中国土地法大纲》是第一部以法律形式废除中国2000多年的封建土地剥削制度的土改文件。土地改革的胜利，奠定了解放战争胜利的基础。西柏坡时期，党中央还召开了撤离延安后的第一次政治局扩大会议，即"九月会议"，会议对统一全党在政治上、军事上的认识，夺取解放战争的全面胜利，做了重要准备。西柏坡时期也是中国解放战争进入大决战的关键时期，党中央在西柏坡指挥了辽沈、淮海、平津三大战役，三大战役的胜利奠定了人民解放战争在全国胜利的基础，决定了中国的命运。党中央在西柏坡召开了七届二中全会，描绘了革命胜利后新中国的宏伟蓝图，会议所做出的各项政策规定，对新中国的建设事业具有极重要的指导作用。

全国土地会议、"九月会议"、三大战役以及七届二中全会是西柏坡时期最为重要的历史事件，也是西柏坡景区的历史价值所在，使西柏坡有"新中国从这里走来""中国命运定于此村"的美誉。

2. 构建西柏坡景区叙事主线

通过对西柏坡重要历史史实的梳理和西柏坡精神内涵的确定，规划重新构建景区叙事主线，形成"主轴+支线"的结构，如图9.14所示。主轴上，结合动人细节故事，展示"序起—史实—精神—升华"的西柏坡核心故事序列；支线上，通过景村穿插形式，以红色旅游发展带动乡村振兴，反哺革命老区。

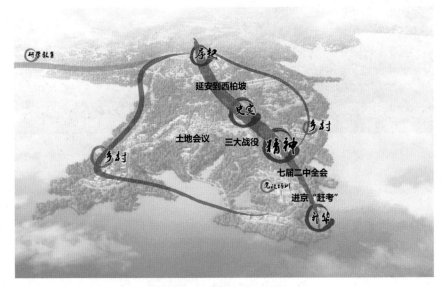

图9.14　西柏坡景区叙事主线

3. 打造红色主题教育产品

发展红色旅游，核心是进行红色教育、传承红色基因。优化红色教育，让红色旅游景点成为常学常新的生动课堂，针对不同人群，打造多层次的红色教育产品。规划提出要面向党员/党员干部、青少年、大众游客、社区居民4类人群，发展教育培训、研学教育、爱国主义教育以及社区休闲功能。针对党员/党员干部培训，打造西柏坡党员干部教育学院、中组部旧址培训基地，提供西柏坡精神内涵、西柏坡重要历史事件相关培训课程，并结合新时代党员干部培训要求，设计与时俱进的培训课程主题；针对青少年的研学教育，形成中宣部革命传媒体验园项目，打造红色课堂研学营地、"小小讲解员"培训体验等特色产品；针对大众游客的爱国主义教育，提供纪念馆主景区展陈教育和主题景观体验游览，通过纪念馆、旧址群、鱼水情纪念园、土地会议纪念公园（见图9.15）、三大战役纪念馆、"两个务必"精神之路等产品，让大众游客感悟西柏坡核心价值内涵；针对社区居民，提供串联景区和周边村子的红色休闲景观步道。

针对不同人群的红色教育需求，规划结合景区和区域空间场所，以展示西柏坡核心价值内涵为目的，打造了丰富的红色教育产品，提升了西柏坡景区红色教育功能。

图9.15 土地会议纪念公园效果图

9.2.4 带动乡村发展：发展不忘初心，带动乡村全域发展

中国的红色革命是从乡村走出来的，发展红色旅游应不忘初心，以红色旅游提振乡村经济。规划提出"红色+乡村"策略，即通过红色景点带动周围乡村，形成"景（西柏坡纪念馆）—村（西柏坡/东柏坡村）—景（中宣部旧址）—村（北庄村）—村（南庄村）—景（中组部旧址）"的穿插带动模式，打造红色旅游村、红色民宿、红色乡村体验综合体、乡村节庆、乡村创客基地等，助力西柏坡实现乡村振兴与农业农村现代化。

西柏坡／东柏坡村，打造红色旅游示范村。以红色激活乡村，提供餐饮和住宿功能，完善西柏坡红色旅游服务要素；通过鱼水情景观道，串联西柏坡村和东柏坡村，贯通两村与主景区的联系；引入清华大学乡村振兴工作站，通过学术活动、产业服务、文创设计等形式，助推乡村振兴发展。

北庄村，发展民俗文化体验。通过乡村创客基地、红色民宿、非遗手工艺市集等实体建设以及露天红色电影、乡村节庆、民俗表演、主题演艺等活动形式，打造河北乡村民俗文化深度体验基地。

南庄村，建设党政教育实践基地。以中组部旧址为依托，通过南庄红色主题情景村、中组部旧址教育基地、西柏坡党员干部培训学院以及革命精神示范体验园等产品建设，打造西柏坡党政教育的实践基地。

参考文献

鲍洪杰，王生鹏，2013. 文化产业与旅游产业的耦合分析[J]. 工业技术经济，29（8）：74–78.

本尼迪克特，1987. 文化模式[M]. 何锡章，译. 北京：华夏出版社.

波伏娃，2004. 第二性[M]. 陶铁柱，译. 北京：中国书籍出版社.

C. 米歇尔·霍尔，斯蒂芬·J. 佩奇，2007. 旅游体闲地理学[M]. 周昌军，何佳梅，译. 北京：旅游教育出版社.

陈阳，2014. 文化进化论与唯物史观：从进步的观点看[J]. 学术交流（4）：13–16.

党的十九大报告学习辅导百问[M]. 北京：党建读物出版社.

邓显超，2009. 中国文化发展战略研究[M]. 南昌：江西人民出版社.

邓小平，1980. 目前的形势和任务[C]//邓小平. 邓小平文选：第2卷. 北京：人民出版社：342.

董南男，2013. 文化进化论思想探析[D]. 哈尔滨：黑龙江大学.

方珏，2011. 论西方文化理论的困境及出路[J]. 哲学研究（3）：76–82.

弗里丹，1988. 女性的奥秘[M]. 成都：四川人民出版社.

高书军，2007. 旅游业分类标准及对行业经济效应评估的影响[J]. 商业经济研究（6）：95–96.

戈比，2000. 你生命中的休闲[M]. 康筝，译. 昆明：云南人民出版社.

龚鹏程，2001. 游的精神文化史论[M]. 石家庄：河北教育出版社.

古德尔，戈比，2000. 人类思想史中的休闲[M]. 成素梅，译. 昆明：云南人民出版社.

郭莲，2002. 文化的定义与综述[J]. 中共中央党校学报（1）：115–118.

郭为，许珂，2013. 旅游产业融合与新业态形成[J]. 旅游论坛（6）：1–6.

国家旅游局人事劳动教育司，2003. 旅游学概论[M]. 北京：中国旅游出版社.

[荷]约翰·赫伊津哈，1996. 游戏的人[M]. 杭州：中国美术学院出版社.

赫斯特·彼得斯，1994. 教育的逻辑[M]. 台北：五南图书出版有限公司.

胡惠林，2015. 文化产业学[M]. 2版. 北京：清华大学出版社.

胡筝，2010. 文化事业管理概论[M]. 北京：中国统计出版社.

季玉群，2011. 旅游业经济：文化协同论[M]. 南京：东南大学出版社.

贾磊磊，2016. 中国文化发展战略的时代抉择[M]. 北京：商务印书馆.

江奔东，2008. 文化产业经济学[M]. 济南：泰山出版社.

江泽民，2001. 论"三个代表"[M]. 北京：中央文献出版社.

凯利，2000. 走向自由：休闲社会学新论[M]. 赵冉，译. 昆明：云南人民出版社.

李锋，2014. 文化产业与旅游产业的融合与创新发展研究[M]. 北京：中国环境出版社.

李康化，2005. 文化市场营销学[M]. 上海：上海文艺出版社：6.

李洋洋，2010. 我国文化创意产业与旅游产业融合模式研究[D]. 北京：北京第二外国语学院.

李仲广，卢昌崇，2004. 基础休闲学[M]. 北京：社会科学文献出版社.

林南枝，2000. 旅游市场学[M]. 天津：南开大学出版社：91–92.

刘艳兰，2009. 实景演艺：文化与旅游产业融合的业态创新：以桂林阳朔《印象·刘三姐》
为例[J]. 黑龙江对外经贸（8）：105–111.

楼嘉军，2005. 休闲新论[M]. 上海：立信会计出版社.

罗明义，2008. 现代旅游经济学[M]. 昆明：云南大学出版社：53–55.

毛泽东，1940. 新民主主义论[C]. 中国文化.

毛泽东，1949. 论人民民主专政[C]//毛泽东. 毛泽东选集：第4卷. 北京：人民出版社：1475.

穆尔，2009. 人类学家的文化见解[M]. 欧阳敏，邹乔，王晶晶，译. 北京：商务印书馆.

秦亚青，2003. 世界政治的文化理论：文化结构、文化单位与文化力[J]. 世界经济与政治（4）：
4–9, 77.

琼结县地方志编纂委员会，2010. 琼结县志[M]. 北京：中国藏学出版社.

桑彬彬，2014. 旅游产业与文化产业融合发展的理论分析与实证研究[M]. 北京：中国社会科学
出版社：142–144.

申葆嘉，1999. 旅游学原理[M]. 上海：学林出版社.

史密斯，2008. 文化理论：导论[M]. 张鲲，译. 北京：商务印书馆.

司马云杰，2011. 文化社会学[M]. 北京：华夏出版社.

斯道雷，2010. 文化理论与大众文化导论[M]. 5版. 常江，译. 北京：北京大学出版社.

斯特劳斯，1967. 论反潮流[J]. 新观察员（15）：32.

斯威伍德，2013. 文化理论与现代性问题[M]. 黄世权，桂林，译. 北京：中国人民大学出版社.

宋耕，2006. 全球化与"中国性"[M]. 香港：香港大学出版社.

孙安民，2005. 文化产业理论与实践[M]. 北京：北京出版社：156.

孙绍先，2004. 女权主义[J]. 外国文学（5）.

索朗旺堆，康乐，1986. 琼结县文物志[M]. 拉萨：西藏自治区文物管理委员会：37–62.

滕春惠，马晓冬，沈正平，2006. 江苏省旅游资源的文化构成及其开发[J]. 人文地理（6）：
71–76.

王威孚，朱磊，2006. 关于对"文化"定义的综述[J]. 江淮论坛（2）：190–192.

王志东，闫娜，2011. 山东文化旅游品牌战略研究[J]. 理论学刊（6）：108–111.

韦森，2003. 文化与秩序[M]. 上海：上海人民出版社：19.

魏鹏举，2010. 文化创意产业导论[M]. 北京：中国人民大学出版社.

魏小安，付磊，2003. 旅游业受"非典"影响情况分析及对几个相关问题的辨析[J]. 旅游学刊
（5）：4–14.

习近平，2016. 在庆祝中国共产党成立95周年大会上的讲话[N]. 人民日报，2016–07–02.

习近平，2017. 决胜全面建成小康社会夺取新时代中国特色社会主义伟大胜利：在中国共产党
第十九次全国代表大会上的报告[M]. 北京：人民出版社.

萧俊明，1999. 文化的语境与渊源：文化概念解读之一[J]. 国外社会科学（3）：18–25.

谢春山，李城固，2005. 试论新时期旅游产业的特征与功能定位[J]. 财经问题研究（8）：90–93.

谢彦君，1999. 旅游学概论[M]. 大连：东北财经大学出版社：111.

[英]约翰·特赖布，2016. 旅游哲学（从现象到本质）[M]. 北京：商务印书馆.

杨福泉，邓永进，2016. 旅游融合发展：旅游产业与文化产业[M]. 北京：中国环境出版社.

杨娇，2008. 旅游产业与文化创意产业融合发展研究[D]. 杭州：浙江工商大学.

杨明，2005. 休闲与旅游调研导论[M]. 北京：中国旅游出版社.

姚昆遗，贡小妹，2006. 旅游文化学[M]. 北京：旅游教育出版社.

于沛，2016. 中国文化发展战略的时代抉择[M]. 北京：商务印书馆.

约瑟夫皮普尔，2003. 闲暇：文化的基础[M]. 台湾：立緒出版社.

张海燕，王忠云，2010. 旅游产业与文化产业融合发展研究[J]. 资源开发与市场，26（4）：
322–326.

张宏梅，赵忠仲，2015. 文化旅游产业概论[M]. 合肥：中国科学技术大学出版社.

张立生，2003. 旅游资源概念及谱系研究[J]. 经济经纬（5）：145–147.

张生祥，2006. 浅析文化理论流派的历史衍变[J]. 中共长春市委党校学报（3）：80–84.

张云，石硕，拉巴平措，等，2018. 西藏通史：早期卷[M]. 北京：中国藏学出版社.

章海荣，方起东，2005. 休闲学概论[M]. 昆明：云南大学出版社.

中共中央文献研究室，1993. 十三大以来重要文件选编[M]. 北京：人民出版社.

中共中央文献研究室，2000. 十五大以来重要文献选编[M]. 北京：人民出版社.

中共中央文献研究室，2005. 十六大以来重要文献选编[M]. 北京：中央文献出版社.

中国文化遗产研究院，2012. 西藏琼结藏王墓文物保护规划[M]. 3–4.

中央文献研究室，2016. 十八大以来重要文献选编：中册[M]. 北京：中央文献出版社.

周文莲，2010. "他者"关系中的女性解放[J]. 理论界（2）.

周正刚，2010. 文化事业与文化产业关系辩证[J]. 东岳论丛，31（11）：140-144.

庄锡昌，顾晓鸣，顾云深，1987. 多维视野中的文化理论[M]. 杭州：浙江人民出版社.

ADORNO T W, 1991. the culture industry: selected essays on mass cultrure[M]. London: Routledge & Kegan Paul.

ADORNO T W, MAX H, 1979. Dialectic of enligntenment[M]. London: Verso.

ALTHUSSER L, 1971. Lenin and philosophy and other essays[M]. New York: Monthly Review Press.

ANHOLT S, 2009. Handbook on tourism destinations branding[J]. Hydrobiologia, 742(1): 295-312.

APOSTOLAKIS A, 2003. The convergence process in heritage tourism[J]. Annals of tourism Research, 30(4): 795-812.

ARIZONA R T, 1999. Discovery and history of kartchner caverns[J]. Journal of J Cave Karst Studies.

ARNOLD M, 1960. Culture and anarchy[M]. London: Cambridge University Press.

BABBIE E R, 1990. Survey research methods[M]. Belmont: Wadsworth.

BARTHES R, 1973[1957]. Mythologies[M]. St Albans: Paladin.

BARTHES R, 1984[1964]. Elements of semiologe[M]. London: Jonathan Cape.

BAUDRILLARD J, 1981. For a critique of the political economy of the sign[M]. St Louis: Telos Press.

BAUDRILLARD J, 1983. Simulations[M]. New York: Semiotext(e). [9] BENJAMIN W, 1973[1936]. The work of art in the age of mechanical reproduction[M]. London: Fontana.

BENNEY M, HUGHES E C, 1970. "Of sociology and the interview." In Boas, Frainz. "Recent Anthropology" [J]. Science, Vol. 98. 334-3377. 1943.

BEST S, DOUGLAS K, 1991. Postmodern theory: critical investigations[M]. London: Macmillan.

BOAS F, 1887. The Occurrence of Similar Inventions in Area Widely Apart[J]. Science: 4.

BOURDIEU P, 1977 .Outline of a theory of practice[M]. Cambridge: Cambridge University Press.

BOURDIEU P, 1984[1979]. Distinction[M]. Cambridge: MA. Harvvars University Press.

BRIAN G, ALAN F, 2000. Managing heritage tourism[J]. Annals of tourism Research, 27(3): 682-708.

BROWN J L, 1996. Research design: qualitative and quantitative approaches, J W Greswell. From sage publications, Inc, P.O. Box 5084, Thousand Oaks, CA 91359-9924 (1994) 228 pp, softcover, $18.95, ISBN: 0-8039-5225-4[J]. Joumal of Nutrition Education.

CHICK G,1998. Leisure and culture: issues for an anthropology of leisure[J]. Leisure Sciences, 20(2): 111–133.

COOK J A, FONOW M M, 1990. Feminist research methods: exemplary readings in the social sciences[M]. CO: Westview Press.

CRESWELL J W, 1994. Research design: qualitative and quantitative approach[M]. Thousand Oaks: Sage.

CUCHE D, 1996. The notion of culture in the social sciencs[M]. Paris: Editions La Decouverte.

DANIEL, 1996. The relationship between the city, culture tourism and the culture industries[M]. Chicago: Culture Tourism.

DENZIN N K , LINCOLN Y S,1994. Introduction: entering the field of qualitative research[J]. Handbook of Qualitative Research.

DENZIN N K, THIESSEN V, 1970. Sociological methods: a sourcebook[J]. Social Forces, 49(2):314.

DERRIDA J, 1973. Speech and phenomena: and Other Essays on Husserl's Theory of Signs[M]. Evanston: North Western University Press.

DEXTER L A, 1970. Elite and specialized interviewing[M]. Evanston: Northwestern University Press.

DIMITRIOS B,1998. Strategic use of information technologies in the tourism industry[J]. Tourism Management, 19(5): 409–421.

DINNIE K, 2009. Nation branding: concepts, issues, practice[J]. Journal of Brand Management, 16(8), 582–583.

DUMAZEDIER J, 1967. Toward a society of leisure[M]. Trans by S. McClure. New York: The Free Press, 1967: 16–17. 4.

ELKINGTON S, STEBBINS R A, 2014. The serious leisure perspective: an introduction[M]. London , New York :Routledge.

ENGELS F,1972. The origin of the family, private property and the state[M]. London: Lawrence & Wishart.

FORD J,1975. Pradigms and fairy tales: an introduction to the science of meanings. Vol. 1[M]. London: Routledge & Kegan Paul.

FOUCAULT M, 1989. The archaeology of knowledge[M]. London: Routledge.

FOUCAULT M, 1991[1975]. Discipline and punishi[M]. London. Penguin.

GEERTZ C, 1973. The interpretation of cultures[M]. New York: Basic.

GIDDENS A, 1984. The constitution of society: outline of the theory of structuration[M]. Cambridge: Cambridge University Press.

GOODALE T L, GODBEY G, 1988. The evolution of leisure: historical and philosophical perspectives[J]. Evolution of Leisure Historical & Philosophical Perspectives.

参考文献

GOODALE T, GODBEY G, 1988. The evolution of leisure: historical and philosophical perspectives[M]. Pennsylvania: Venture Publishing, Inc.

GRAY C, 2000. The politics of the arts in britain[M]. Palgrave Macmillan.

GUBA E G, 1990 b. The alternative paradigm dialog[M]//Guba E G. The paradigm dialog. Newbury Park: Sage.

GUBA E G, 1990 a. The paradigm dialog[M]. Newbury Park: Sage.

GUNN C A, RITCHIEJ, COELDNER C R, 1987. A perspective on the purpose and nature of tourism research methods[J].

HALL C M, PAGE S, 2000. Tourism in south and south-east asia: case and issue[M]. Oxford: Butterworth Heinemann.

HARRIS M, 1992. Distinguished Lecture: Anthropology and the Theoretical and Paradigmatic Significance of the Collapse of Soviet and East European Communism[J]. American Anthropologist, 94: 295–305.

HARVEY D, 1989. The condition of postmodernity[M]. Oxford: Blackwell.

HEMINGWAY J L, 1999. Critique and emancipation: toward a critical theory of leisure[J]. Leisure Studies: Prospects for the Twenty–First Century.

HEMINGWAY J L, 1999. Critique and emancipation: toward a critical theory of leisure[J]. Leisure studies: Prospects for the twenty–first century.

HIRST P H, 1974. Knowledge and the curriculum[M]. London: Routledge.

HUIZINGA J, 1950. Homo ludens: a study of the play element in culture[M]. Boston: Beacin Press.

HUYSSEN A, 1986. After the great divide: modernism, mass culture, postmodernism: A Reader[M]. London: Macmillan.

JAMESON F, 1984. Postmodernism, or the cultural logic of late capitalism[J]. New Left Review, 46:53–92.

JAMESON F, 1985. Postmodernism and consumer society, in postmodern culture[M]. London: Pluto.

JAMESON F, 1988. The politics of theory: ideological positions in the postmodernism debate, in the ideologies of theory essays, Volume 2[M]. London: Routledge.

JENKINS H, 2006. Cnvergence culture: where old and new media collide[M]. New York: New York University Press.

JENNINGS G, 2001. Tourism research[M]. Sydney and Melbourne: Jon Wiley & Sons Australia.

JOHNSON B, CHRISTENSEN L B, 2000. Educational research: quantitative and qualitative approaches[M]. Allyn and Bacon.

JOSEF P, 1998. Leisure, the basis of culture[M]. South Bend, Indiana.

文旅融合的理论探索与规划实践

JUNKER B H, 1960. Fieldwork: an introduction to the social sciences[M]. Chicago: University of Chicago Press.

KIRK J, MILLER M L, 1986. Reality and validity in qualitative research[M]. Newbury Park: Sage.

KREJCIE R V, MORGAN D W, 1970. Determining sample size for research activities[J]. Educational and Psychological Measurement, 30: 607–610.

KROEBER A L, 1939. Cultural and natural areas of native north america[M]. Berkeley, CA: University of Califonia Press

KROEBER A L, 1952. The nature of clture[M]. Chicago: University of Chicago Press.

KROEBER A L, KLUCKHOHNC, 1954. Culture: a critical review of concepts and definitions[J]. Revista Mexicana de Sociología, 16(1): 172.

KROEBER L A, KLUCKHOHN C, 1952. Culture: a critical review of concept and definitions[M]. New York: Kraus Reprint Co.

LASH S, 1988. Discourse or figure? postmodernism as a regime of signification[J]. Theory, Cultural and Society 5: 311–336.

LEENGKEEK J, 2000. Imagination and differences in tourist experience[J]. In: World Leisure.

LEVIS–STRAUSS C, 1963[1958]. Structural authropology[M]. Boston. Basic Books.

LEVIS–STRAUSS C, 1964. Mythologiques[M]. Paris: Plon.

LEVIS–STRAUSS C, 1966 [1962]. The savage mind[M]. London: Weidenfeld and Nicolson.

LIND J, 2005. Ubiquitous convergence: market redefinitions generated by technological change and the industry life cycle[R]. New York: Druid Academy Winter 2005 Conference.

LOWENTHAL L, 1961. Literature, popular culture and society[M]. California: Pacific Books.

LYOTARD J F, 1984. The postmodern condition: a report on knowledge[M]. Manchester: Manchester University Press.

MACDONALD R, JOLLIFFE L, 2003. Cultural rural tourism: Evidence from canada[J]. Annals of tourism Research.

MALINOWSKI B, 1944. A scientific theory of culture and other essays[M]. Chapel Hill: University of North Carlina Press.

MARX K, FREDERICK E, 1973. On literature and art[M]. St Louis: Telos, A useful selection of writings by Marx and Engels on matters cultural.

MCINTOSH D N, 1995. Religion–as–schema, with implications for the relation between religion and coping[J]. The International Journal for the Psychology of Religion, 5(1): 1–16.

参考文献

MCINTOSH R W, GOELDNER C R, RITCHIE J R B, 1995. Tourism: principles, practice, philosophies[M]. 7th ed. New York: John Wiley & Sons.

McKercher B, Cros H D, 2002. Cultural tourism: the partnership between tourism and cultural heritage management[M]. Binghamton: The Haworth Press, Inc.

MILES M, HUNERMAN A M, 1994. Data management and analysis methods. Indenzin, norman & lincoln, yvonna. Handbook of qualitative research[M]. Thousand Oaks: Sage.

MORGAN L H, 1877. Ancient society or researches in the lines of human progress from savagery, through barbarism to civilization[M]. New York: Henry Holt.

NEULINGER J, 1974. The psychology of leisure: research approaches to the study of leisure[J]. Springfield, 11: 295–306.

NEUMAN W L, 2000. Social research methods: qualitative and quantitative approaches[M]. Boston M A: Ally & Bacon.

ONDIMU, 2002. Discussion on developing ecological tourism in natural resources protection zone[J]. Travel and Tourism Analyst.

Oxford Economics Forecasting, 2005. The economic contribution on the UK film, Film Council.

PANT D R, 2005. A place brand strategy for the republic of armenia: "quality of context" and "sustainability" as competitive advantage[J]. Place Branding, 1(3), 273–282.

PARESH K N, 2005. Cultural policy and multiplicities[J]. International Journal of Cultural policy 3: 336–362.

PARSONS T, 1951. The social system[M]. New York: Free Press.

PATTON M Q, 1990. Qualitative evaluation and research method[M]. 2nd ed. Newbury Park: Sage.

PUNCH K, 1998. Introduction to social research, qualitative and quantative approaches[M]. London: Sage Publications.

RICHARD F, 2002. The rise of creative class[M]. New York: Basic.

RIESMAN D, Glazer N, Denney R, 2020. The lonely crowd: a study of the changing American character[M]. New Haven: Yale University Press.

ROBERSON D, 2016. The free time test (FTT): personal evaluation of leisure[J]. Chech: Palacký University Olomouc.

ROSENBERG N, 1963. Technological change in the machine tool industry: 1840–1910[J]. Journal of Economic History, 23: 414–446.

RUNCIE J F, 1976. Experiencing social research[M]. Illinois: Homewood Hills.

SAHLINS M, 1976. Culture and practical reason[M]. Chicago: University of Chicago Press.

SAPIR E, 1968. Selected writings of edward sapir in language, culture and personlity[M]. Berkeley: University of California Press.

SARANTAKS S,1998. Social research[M]. 2nd ed. South Melbourne: Macmillan Education.

SCHILLER F, 2003. Kallias or concerning beauty: letters to Gottfried Körner (1793)[J]. Classic and romantic German aesthetics: 145–183.

SCHNEIDER D M, 1968. american kinship: a cultural account, englewood cliffs[M]. New Jersey: Prentice–Hall.

SIEBER S D, 1973. The integration of fieldwork and survey method[J]. American Jounal of Sociology, 78.

STEWARD J,1958. Cultural ecology. In international encyclopedia of the social sciences. Vol.4.D. Stills[M]. New York: Macmillan.

STOREY J, 1993. An introductory guide to cultural theory and popular cluture[M]. Athens, GA: The University of Georgia Press.

THROSBY D, 2010. The economics of cultural policy[M]. Cambridge: Cambridge University Press.

TOWER T, 1985. The grand tour: A key phase in the history of tourism[J], Australia: Victoria University.

TRIBE J, LIBURD J J, 2016. The tourism knowledge system[J]. Annals of tourism research, 57: 44–61.

TYLOR E B, 1958. Peimitive clture[M]. New York: Harter& Row.

TYLOR E B, 1960. Authropology[M]. Ann Arbor: University of Michigan Press.

TYLOR E B, 1964. Researches into the early history of mankind and the development of civilization[M]. Chicago: University of Chicago Press.

WHITE L, 1949. The science of culture: a study of man and civilization[M]. New York: Grove.

WHITE L, 1959. The evolution of culture: the development of civilization to the fall of rome[M]. New York: McGraw–Hill.

WILLIAMS R, 2009. Cultural theory and popular culture: a reader[M]. Harlow: Pearson Education.

YUKO A, 2007 . The role of consumption and globalization in a cultural industry: the case offlamenco [J]. Geoforum, 38.

参考文献